DIOCÈSE DE DIJON

Pour toi, qui suis-je ?

Il est le Chemin, la Vérité, la Vie

JÉSUS, LE CHRIST

Catéchisme pour tous les âges

9-10 ans

ARTÈGE LE SÉNEVÉ

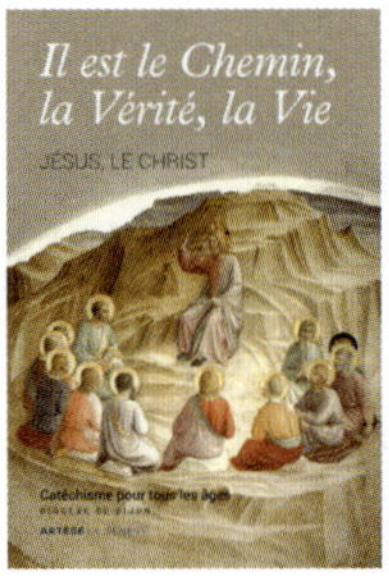

Chers parents,

Le cahier de catéchisme de votre enfant est également le vôtre. Il vous permet de suivre le parcours dans la foi de votre enfant, et il nous offre aussi d'être en lien avec vous et de vous aider dans votre responsabilité d'éducateurs chrétiens.
Cependant, peut-être ne partagez-vous pas la foi chrétienne, ou il se peut que vous vous soyez éloignés du chemin de l'Église... C'est pourquoi il nous semble important que vous puissiez comprendre au mieux la démarche de votre enfant, et y participer à votre rythme, selon votre mesure. Le catéchisme pour tous les âges « *Il est le Chemin...* », comme l'indique son titre, vous est aussi destiné. Les pages rouges vous sont plus particulièrement adressées, car nous croyons vraiment que Jésus est le Chemin, un Chemin pour tous. N'hésitez pas à y marcher aux côtés de votre enfant.

P. Dominique Garnier +

Auteurs :
Père Dominique Garnier, Responsable SDC Dijon
Odile Branchet, service audiovisuel
Florence Chevalier, permanente catéchèse
Maria del Mar Dubois, documentation catéchétique
Françoise Jussier, catéchiste
Sœur Maryvonne Sampic, permanente catéchèse

Illustrateurs :
Véronique Chéneau
Régis Denel
Philippe Chauvet
Florence Quintin

Direction éditoriale :
Isabelle de Wulf

ISBN : 978-2-35770-204-2

Éditions Artège - Le Sénevé
• 10, rue Mercœur – 75011 Paris
• 9, espace Méditerranée – 66000 Perpignan
www.editionsleseneve.fr - e-mail : contact@editionsleseneve.fr

• Imprimatur à usage catéchétique en France,
Mgr Roland Minnerath, archevêque de Dijon, le 1er septembre 2015
Loi n°49-956 du 16 juillet 1949 sur les publications destinées à la jeunesse.

Dépôt légal : septembre 2015
Imprimé en France par SEPEC en septembre 2018 - 13563180905

IMPRIM'VERT®

PEFC™ 10-31-1470 / Certifié PEFC / Ce produit est issu de forêts gérées durablement et de sources contrôlées. / pefc-france.org

Cher jeune,

Tu as déjà eu entre les mains le Catéchisme pour tous les âges – *Il est le Chemin, la Vérité, la Vie, Jésus le Christ*. C'est un livre qu'il est bon de posséder en famille. Tes parents pourront lire la partie « adultes », et toi tu auras tout loisir de découvrir les pages titrées en bleu qui te sont destinées.

Ce cahier que tu as entre les mains est fait pour t'aider à mieux te servir de ce Catéchisme, avec tes camarades et avec l'aide de tes parents et de ton catéchiste.

Tu approfondiras cette année ta connaissance de Jésus. Tu verras que Jésus a été annoncé aux hommes et que Dieu s'est mêlé à l'histoire des hommes pour entrer en dialogue avec eux. Tu auras une première initiation aux sacrements : le baptême, la réconciliation, l'eucharistie.

Certains d'entre vous recevront cette année la confirmation et l'eucharistie. C'est un moment très important pour vous tous. Toi, ne perds pas une occasion de découvrir que Jésus veut venir habiter dans ton cœur.

Au rythme de l'année liturgique : Toussaint, Avent, Noël, puis Carême, Pâques et Pentecôte, tu te rendras compte que nous célébrons chaque année les grandes étapes de la vie de Jésus et de notre salut.

Nous avons une longue histoire au cours de laquelle certains disciples de Jésus se sont distingués par leur fidélité et leur courage : ce sont les saints. Il est bon de connaître quelques uns de ces modèles qui nous donnent envie d'être nous aussi fiers de suivre Jésus le Christ.

Je te souhaite d'aller de découverte en découverte sur la route vers Celui qui est « le Chemin, la Vérité, la Vie ».

+ Roland Minnerath
Archevêque de Dijon

Ce cahier appartient à : ....

Adresse : ....

....

Téléphone : ....

Colle ta photo ici

Mes copains du caté sont : ....

....

Mon catéchiste est : ....

Son téléphone : ....

Son courriel : ....

Comment connaître **Dieu ?**

Y a- t-il des dieux ? Y a-t-il un seul Dieu ? Ou pas de dieu ?
Comment le savoir ?
Un recueil de livres saints, la _ _ _ _ _ , apporte une réponse.
Alors, toi, comment te représentes-tu cet être invisible que l'on appelle Dieu ?

› Lis p. **26**

Le Père nous présente Jésus son Fils pour que nous puissions le connaître

Psautier du Landgrave, XIIIe siècle, bibliothèque de l'état du Wurtemberg, Stuttgart, Allemagne.

Il est le Chemin... **p. 206**

Comment connaître le vrai visage de Dieu ?

« Dieu personne ne l'a jamais vu ;
le Fils unique, lui qui est Dieu,
c'est lui qui l'a fait connaître. »
JEAN 1,18

Un jour, Philippe a demandé à Jésus :
« Seigneur, montre-nous le Père. »
JEAN 14,8

Et que lui a répondu Jésus ?
« Celui qui m'a vu, a vu le Père ! »
JEAN 14,9

› Lis p. **56**

La Bible nous parle de tout ce que Dieu a fait pour les _ _ _ _ _ _ depuis la création du monde. ***Dieu agit dans le temps****.*
Il prend le _ _ _ _ _ . Il est patient avec nous. Il nous donne sa _ _ _ , nous envoie les _ _ _ _ _ _ _ _ _ , et à la fin nous envoie ***son propre*** *_ _ _ _ .*

Dieu a une pédagogie que nous allons suivre cette année. Il se fait connaître petit à petit :

- Il commence à se révéler dans la création.
- Il se fait connaître en parlant avec les hommes, il donne sa loi à Moïse.
- Il parle davantage encore par les prophètes, notamment Isaïe, Osée, Amos, Jérémie et Ézéchiel…
- Il vient à notre rencontre en Jésus le Christ.

Pour connaître Dieu,
« il nous suffit de contempler
le visage de Jésus ! »
Bientôt, tu pourras lui répondre,
quand il te demandera :
« Pour toi, qui suis-je ? »

JEU Supprime une lettre sur deux et découvre cette phrase de saint Jérôme :

LS’iegrnuoirgaenvcjea dteisl
ÉZcvrliotfuirmeosp, ct’eisltp
lv’ioghntoersaynkcleo dtuo CDhjrtieswtp

Dieu notre Père,
tu habites le cœur
de chacun.
Jésus, tu es présent
dans notre équipe de caté,
et tu nous montres qui est le Père.
Nous te confions cette année
qui commence.
Que l’Esprit Saint nous aide
à mieux te connaître
et à être heureux tous ensemble,
en ta présence. Amen

Chers parents,

N’oubliez pas de regarder le cahier de votre enfant. Aujourd’hui, peut-être l’énigme (p. 5) n’a-t-elle pas été résolue… Dans ce cas, à vous de jouer !
Au cours de la prochaine rencontre, nous allons évoquer la création, et lire le texte du Livre de la Genèse. Merci de choisir avec votre enfant une belle photo, ou une image de nature ou d’animaux, qui l’émerveille.

Dieu vit que cela était **bon** !

Cet été tu t'es promené et tu as vu de belles choses, lesquelles ?

Colle ici une image de nature ou d'animaux qui t'émerveille.

Écris en belles lettres les quatre phrases importantes que tu as entendues à la première page de la Bible,
Genèse 1,1 à 2,3

D ....

Dieu exprime sa volonté de créer ce qui n'existe pas encore...
Et toi, quelle importance donnes-tu à la parole ?

E ....

Dieu fait ce qu'il dit, il crée avec sa Parole.
Et toi, fais-tu toujours ce que tu dis ?

D ....

Tout ce que Dieu fait est bon, car Dieu est bon.
Et toi, sais-tu voir ce qui est bon ?

I ....

....

Dieu l'Éternel, crée le temps... dans lequel nous vivons.
Et toi, prends-tu le temps de vivre ?

› Lis p. **30**

Tout ce qui existe a été créé par la volonté d'un Dieu d'_ _ _ _ _ .
Créer, c'est faire _ _ _ _ _ _ _ .
Ce monde n'est pas venu par hasard. Tout ce qui existe a été _ _ _ _ _ par Dieu.
Quand la _ _ _ _ _ a été prête, après les _ _ _ _ _ _ _ _ et les _ _ _ _ _ _ _ _ ,
Dieu créa l'_ _ _ _ _ à son image et à sa ressemblance.
« ... Et Dieu vit tout ce qu'il avait fait, et voici : cela était très bon. »
Genèse 1,31

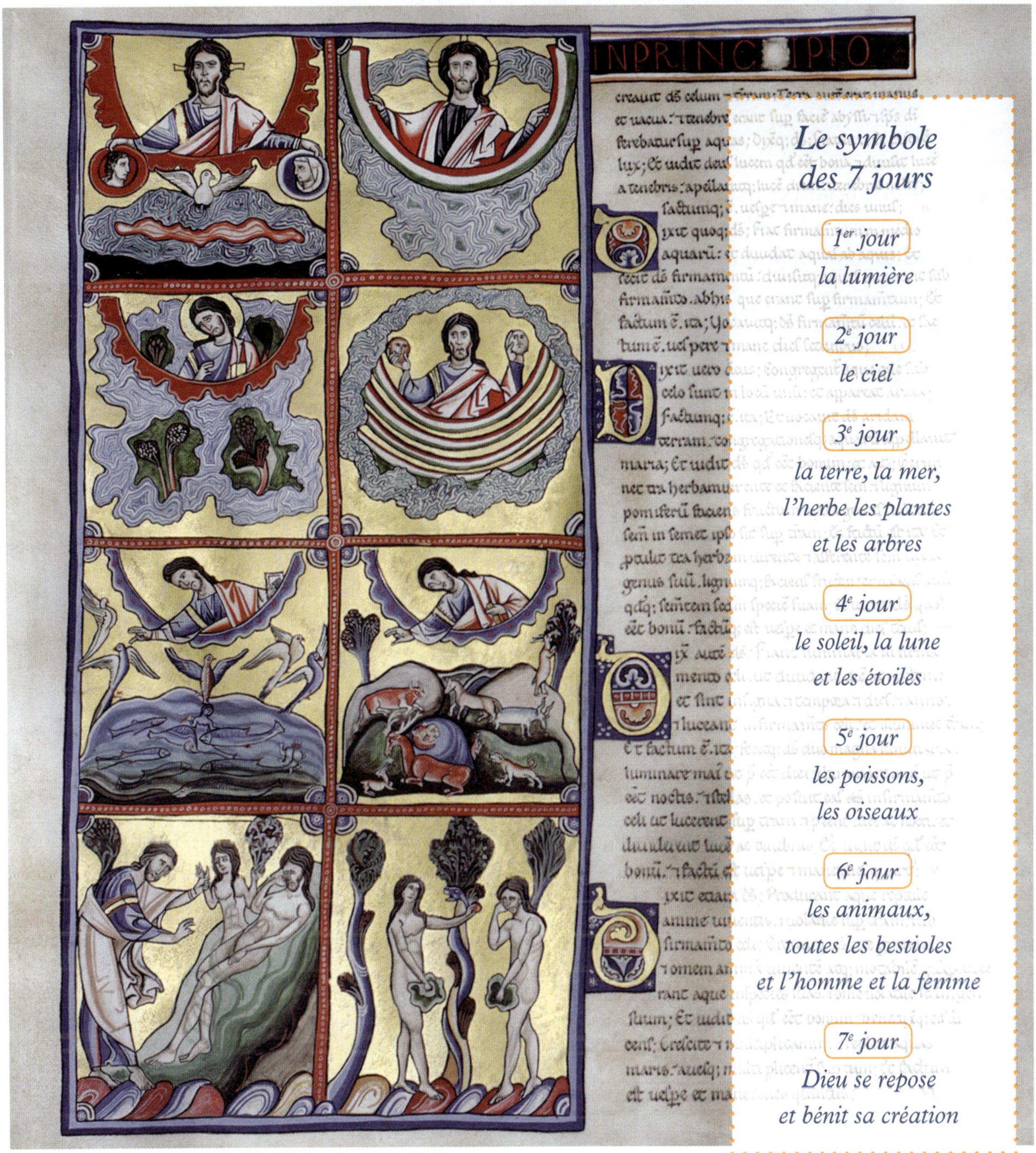

Le symbole des 7 jours

1er jour
la lumière

2e jour
le ciel

3e jour
la terre, la mer,
l'herbe les plantes
et les arbres

4e jour
le soleil, la lune
et les étoiles

5e jour
les poissons,
les oiseaux

6e jour
les animaux,
toutes les bestioles
et l'homme et la femme

7e jour
Dieu se repose
et bénit sa création

Bible de Souvigny, fac-similé, musée de la ville de Souvigny, France.

Il est le Chemin... **p. 33**

Louez le Seigneur depuis la terre,
monstres marins, tous les abîmes ;
Feu et grêle, neige et brouillard, vent
d'ouragan qui accomplis sa parole ;
Les montagnes et toutes les collines,
les arbres des vergers, tous les cèdres ;
Les bêtes sauvages et tous les troupeaux,
le reptile et l'oiseau qui vole /.../
Tous les jeunes gens et jeunes filles,
les vieillards comme les enfants.

Psaume 148

Chers parents,

Nous travaillons un texte de la Bible : « Dieu nous crée à son image... » Pour aider votre enfant à comprendre cela, merci de faire une expérience en famille : chacun trouve une qualité aux autres et lui dit. Chacune de ces qualités nous fait ressembler à Dieu, et nous révèle quelque chose de Dieu.
Votre enfant pourra l'écrire sur sa silhouette page 8.

À l'image de Dieu

8

Chacune de nos qualités est la trace de l'image de Dieu en nous.
Écris ton prénom et les qualités que Dieu t'a données, et que les autres ont repéré (dans l'équipe de caté, dans ta famille...), sur ta silhouette.

› Lis p. **38**

L'homme et la femme :
la plus grande
des *_ _ _ _ _ _ _ _ _ _ _ _ ,*
nous dit la Bible !

Dieu créa l'homme
et la femme*, à son _ _ _ _ _ _ .*
Nous sommes son chef d'œuvre
voulu pour poursuivre
son _ _ _ _ _ _ _ !

6e jour Dieu créa l'homme et la femme.

Je suis créé à l'image
et à la ressemblance de Dieu.
Comme Dieu, je suis appelé à vivre
librement en faisant tout par amour.
Qu'est-ce que cela veut dire ?

....

....

› Lis p. 30

Dieu avait un but :
nous confier sa _ _ _ _ _ _ _ _ _
pour la perfectionner avec lui.
Sommes-nous d'accord
pour _ _ _ _ _ _ _ _ _ _ _ _
avec le Créateur ?

› Lis p. 38

Ainsi, l'homme est ***responsable***
de tout ce qui existe *dans la création.*
Il peut utiliser les plantes
et les animaux pour vivre
et pour se nourrir. Surtout il doit
en prendre le plus grand _ _ _ _ .

Que fais-tu chaque jour pour prendre
soin de la création que Dieu te confie ?

....

....

7e jour Dieu se reposa et bénit sa création.

› Lis p. 94

Le jour du Seigneur, c'est le temps
de regarder l'œuvre de Dieu pour
le _ _ _ _ _ _ _ _ _ _ _ de tous ses dons.
« Sanctifier » le jour du Seigneur *signifie*
le consacrer à Dieu, s'_ _ _ _ _ _ _ _
pour rendre grâce à Dieu.

Que fais-tu le dimanche, le jour
du Seigneur, pour remercier Dieu ?

....

Aujourd'hui
c'est le jour du Seigneur,
Seigneur, je veux te louer
pour tout ce que tu as créé
et qui est si bon.
Merci pour ce temps de repos
et pour ces moments
passés ensemble.

Dieu tout-puissant,
en nous confiant la maîtrise de la terre,
tu as fait de nous les collaborateurs
de ta création.
Donne-nous sagesse et respect,
afin d'utiliser les ressources de la nature
de telle manière que nul ne souffre
de nos abus,
et que les générations à venir
te louent pour ta bonté.
Par Jésus Christ notre Seigneur. Amen

Prière à la rencontre interreligieuse
d'Assise en 1986

Chers parents,

Cette semaine, nous avons parlé avec votre enfant de l'importance du dimanche. Ce jour s'inscrit en chacune de nos semaines comme le jour consacré à Dieu. C'est un jour important pour les chrétiens, c'est le jour de la messe dominicale. L'éducation chrétienne ne reposant pas uniquement sur le caté, mais bien davantage sur la participation à la messe, nous vous demandons d'aider votre enfant à y participer régulièrement. Merci !

Dieu me veut **libre** et **heureux**

L'homme et la femme ont été créés _ _ _ _ _ _
de respecter ou non la _ _ _ _ _ _ _ _ de Dieu.
Donc toi aussi !

› Lis p. **31**

En effet, Dieu a créé l'homme par amour, et il a pour lui un grand projet de bonheur : il l'appelle à vivre dans l'amour. Mais souvent, l'homme décide de vivre autrement, il suit des projets contraires au projet de Dieu.

Le péché originel : c'est la perte de confiance de l'homme en Dieu. L'humanité se sépare de Dieu car elle se croit capable de vivre sans Dieu, de s'épanouir sans son amour.

Il est important de mettre notre confiance en Dieu. Pas de méfiance ! Il veut notre bien. Le péché est notre refus de ce Dieu d'amour qui seul peut nous faire vivre et nous rendre heureux. Heureusement, Dieu ne nous abandonne pas !

« Les petits oiseaux ont été créés pour chanter, et ils chantent. Les petits enfants ont été créés pour aimer Dieu, et trop souvent, ils ne l'aiment pas. » SAINT CURÉ D'ARS

Dieu a trouvé
une solution
pour nous
_ _ _ _ _ _ !

› Lis p. **31**

Tu vas découvrir dans la Bible
comment Dieu _ _ _ _ _
les hommes et ne les abandonne pas
malgré tout !

› Lis p. **42**

Seigneur fait que ton projet sur moi devienne mon projet !

Le 1er novembre, l'Église célèbre la fête de la Toussaint : c'est la fête de tous les saints, des hommes et des femmes qui ont fait confiance à Dieu et suivi son projet de bonheur. Ils ont dit oui !

› Lis p. **318**

La sainteté : ta vocation ! Tout chrétien est appelé à devenir _ _ _ _ _ .
Pour cela tu n'as pas besoin de faire des choses extraordinaires,
mais de tout faire avec _ _ _ _ _ . C'est un beau projet pour ton avenir,
un _ _ _ _ _ _ pour lequel Dieu sera toujours à tes côtés.

Pour mieux le comprendre, regarde comment cela s'est passé pour François d'Assise, mène l'enquête sur sa vie.

- Qui était François ?
- Quels événements ont changé sa vie ?
- Comment François a-t-il vécu après ?

Toi aussi, tu peux devenir saint.

Écris ce que tu choisis de vivre pour devenir saint :

....

....

....

....

....

....

Seigneur, fais de moi
un instrument de ta paix,
Là où est la haine, que je mette l'amour,
Là où est l'offense, que je mette le pardon,
Là où est la discorde, que je mette l'union,
Là où est l'erreur, que je mette la vérité,
Là où est le doute, que je mette la foi,
Là où est le désespoir, que je mette l'espérance,
Là où sont les ténèbres, que je mette
la lumière,
Là où est la tristesse, que je mette la joie.

Ô Seigneur, que je cherche
À consoler plutôt qu'à être consolé,
À comprendre plutôt qu'à être compris,
À aimer plutôt qu'à être aimé.

Car c'est en se donnant que l'on reçoit,
C'est en s'oubliant qu'on se retrouve soi-même,
C'est en pardonnant que l'on obtient le pardon,
C'est en mourant que l'on ressuscite à la Vie.
Amen

Prière pour la paix attribuée à saint François d'Assise

JEU Supprime tous les Y, K, H, Z et retrouve le message du Pape François :

« ÊYHTRZE SKAHYIZNTZ N'HEKSYT PKAZSH LYEH PZRKIZHVIKLYYÈKGZEZ D'UHZNK HPYEKTKKITY NYOHMZBYRKEZ MHAZIKSY UHHNZKE KVYOZZCYAHTKIHOZNY PYOKUHRY TKOHUZSY. »

Chers parents,

Dans notre paroisse, la messe de la Toussaint, le 1er novembre, est à ____________.

Pour marquer cette belle fête de la sainteté, vous pouvez lire avec votre enfant l'histoire de sainte Thérèse de Lisieux [p. 72-73].

Dieu **entend** et **répond**

***1200 ans avant Jésus-Christ**, les descendants d'Abraham,*
qu'on appelle les _ _ _ _ _ _ _ _ , chassés du pays de Canaan
par la famine, se réfugient en _ _ _ _ _ _ où ils se multiplient.
Pharaon, le roi d'Égypte, décide d'en faire ses _ _ _ _ _ _ _ _ .

› Lis p. **64**

Une maman faisait partie
des esclaves. Pour sauver son fils,
elle le cache dans une corbeille,
sur le Nil. La fille de _ _ _ _ _ _ _
le recueille et l'appelle _ _ _ _ _
*ce qui veut dire **"sauvé des eaux"***

La naissance de Moïse
Exode 1,22 – 2,10

Un jour, un contremaître
égyptien frappe
un esclave hébreu ;
en voulant défendre
son frère de sang,
Moïse tue l'Égyptien
et s'enfuit au _ _ _ _ _ _ .

Révolte de Moïse et fuite au désert
Exode 2,11-15

Dans le désert du _ _ _ _ _ , Moïse rencontre _ _ _ _
qui lui parle du milieu d'un _ _ _ _ _ _ _ en flamme,
le « buisson ardent ». Dieu donne à Moïse
la mission de conduire son peuple hors d'Égypte.

Mais Moïse refuse car il a du mal à bien parler
et il pense que son peuple ne le croira pas.
Dieu lui promet de l'aider, lui,
ainsi que son frère Aaron. Alors, Moïse accepte.

Le buisson ardent
Exode 3,1-11 ; 4,10-15

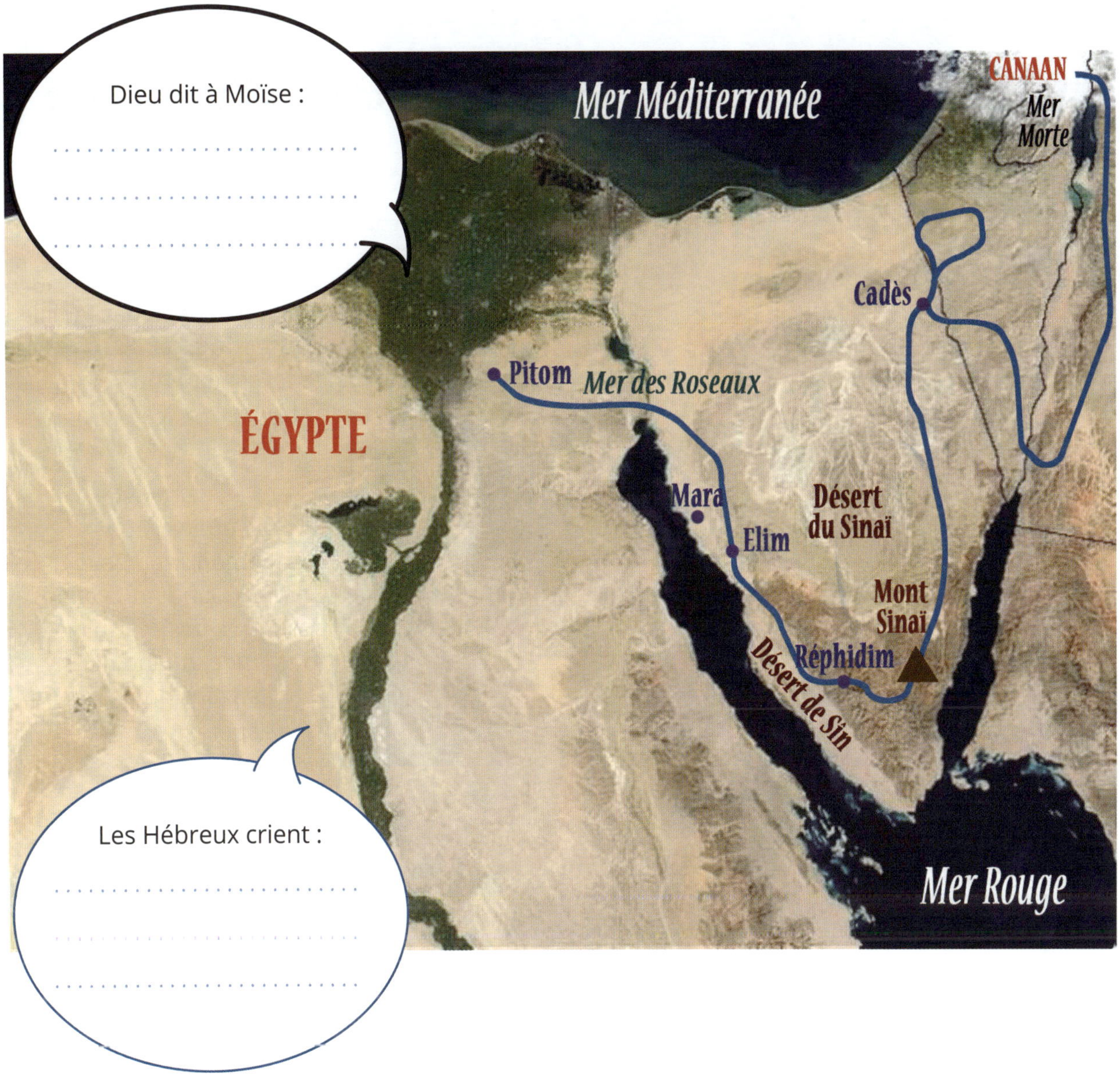

Dieu parle à Moïse : il devient l'envoyé de Dieu pour sauver le peuple qui est esclave en Égypte.

Dans les moments difficiles,
je peux me confier à Dieu.
Comme il est dit dans la Bible :
« Il entend nos cris,
il connaît nos souffrances. »
Je peux lui demander de l'aide
et lui faire confiance.
Apprends-moi, Seigneur,
à reconnaître les signes de ta présence
quand tu viens à mon aide. Amen

Dieu marche avec son **peuple**

Le repas de la Pâque
Exode 12,1-11

Les Hébreux prennent un agneau par famille et l'immolent au coucher du soleil.
Ce soir-là, ils mangent l'agneau rôti avec des pains sans levain.
Ils mangent debout, prêts à partir pour fuir l'Égypte.

La sortie d'Égypte
Exode 14,30-31

Moïse quitte l'Égypte avec son peuple.
La mer Rouge s'ouvre devant lui.
L'armée de Pharaon qui poursuit les Hébreux est engloutie.
Le peuple hébreu est délivré.

› Lis p. **64**

Pendant _ _ ans, le peuple hébreu vit dans le _ _ _ _ _ _ .

Il souffre de la faim, de la soif et de la chaleur.
Il se demande pourquoi Moïse l'a fait sortir d'Égypte, où il mangeait à sa faim.
Ils ont confiance et ils doutent. Ils se réjouissent et ils récriminent…
Mais qui donc est ce Dieu qui les mène au désert ?

La manne et les cailles
Exode 16,1-15

Dieu entend les plaintes de son peuple.
Le soir même, un vol de cailles recouvre le camp et le lendemain, ils découvrent comme du givre sur le sol : c'était une sorte de pain. En le voyant, ils se disent entre eux « Mann hou ? » ce qui veut dire : « Qu'est-ce que c'est ? », cela a donné le terme « manne ».

Le mot **Pâque** *signifie passage.*

› Lis p. **64**

La Pâque juive annonce la Pâque de Jésus passant de la _ _ _ _ à la vie.

Comment se déroule le repas de la Pâque ? Complète ci-dessous.

Que mangent-ils ?

Un a ……………………………………

et du p ……………………………………

C'est un repas de libération.

Comment mangent-ils ?

La c ……………………………………

les s ……………………………………

le b ……………………………………

C'est un repas de pèlerinage.

Père, donne-nous aujourd'hui notre pain de ce jour,
la nourriture dont nous avons besoin pour vivre et grandir.
Nous avons faim de ta Parole, car elle nous aide à vivre les uns avec les autres ;
nous avons soif de ton amour, car tu nous aimes chacun, comme nous sommes.
Le pain nourrit notre corps,
ta Parole fortifie notre cœur,
ton amour nous aide à avancer sur le chemin de la vie. Gloire à toi, Seigneur !
Donne-nous de reconnaître tout ce que tu nous donnes,
et de savoir chaque jour te dire MERCI !

Dieu donne aux hommes une **Loi**

Avons-nous besoin d'une loi ?

› Lis p. **82**

Quand une règle doit être observée absolument, elle est une _ _ _ .
La loi nous _ _ _ _ _ _ _ _ .
Sans loi, chacun ferait ce qu'il veut et ce serait le chaos.

Dieu, tu es mon allié

2e commandement
Tu n'invoqueras pas le nom du Seigneur ton Dieu pour le mal.

› Lis p. **90**

Le nom de Dieu est _ _ _ _ _ _ , tout comme Dieu lui-même. Il lui est réservé et tu dois l'employer avec _ _ _ _ _ _ _ .

JEU Retrouve les voyelles et tu découvriras une parole d'Alliance :

T _ _ t c _ q u _ l _
S _ _ g n _ _ r _ d _ t,
n _ _ s l _ m _ t t r _ n s
_ n p r _ t _ q u _ »

Exode 24,7

3e commandement
Observe le sabbat comme un jour sacré.

› Lis p. **94**

En écho au repos du Créateur (Genèse 2,2), le troisième commandement nous demande de prendre le temps de _ _ _ _ _ _ _ _ _ Dieu et de refaire nos forces.

4e commandement
Honore ton père et ta mère.

› Lis p. **98**

C'est par tes parents que Dieu t'a donné la vie. Celui qui _ _ _ _ _ _ son père et sa mère apprend à honorer Dieu, le Père de tous les hommes.

7e commandement
Tu ne commettras pas de vol.

› Lis p. **110**

Ce commandement t'apprend à _ _ _ _ _ _ _ _ _ les biens de la création que Dieu met à la disposition de tous les hommes...

Tu lis les dix commandements dans le livret de la Parole
et tu complètes les tables de la Loi
DEUTÉRONOME 5,6-21

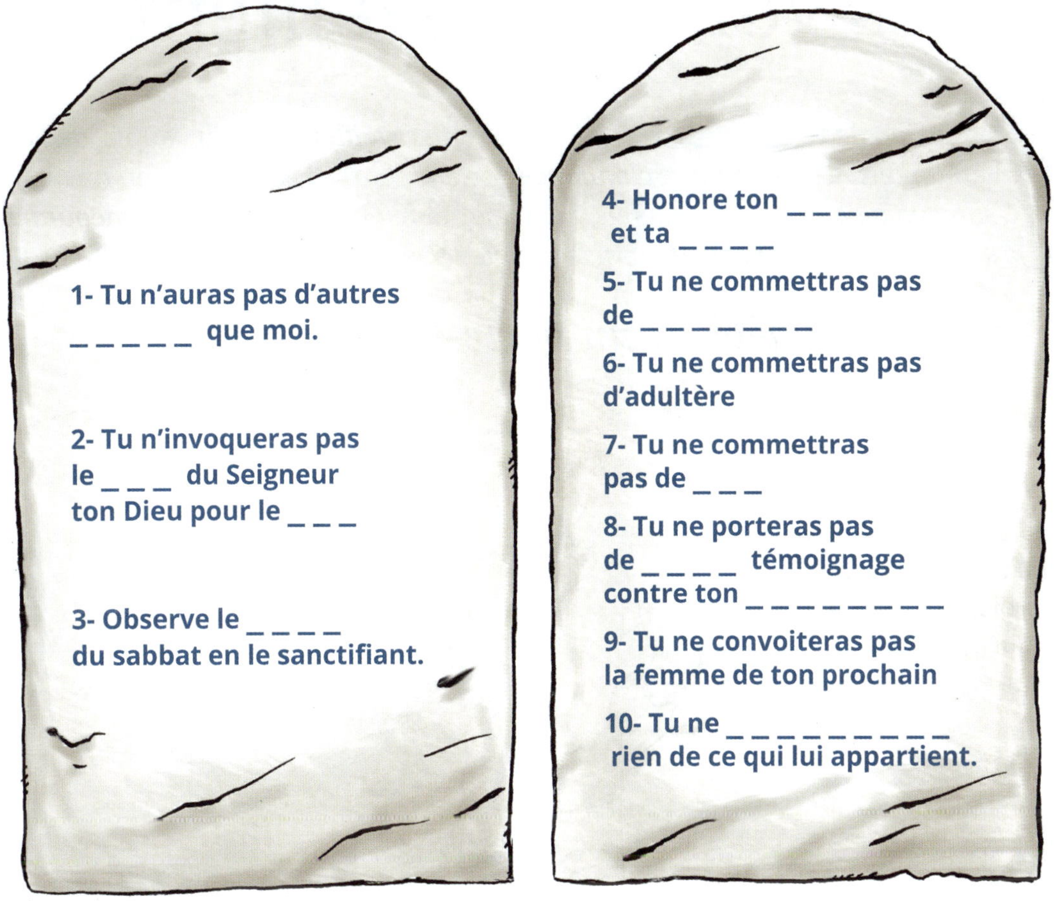

1- Tu n'auras pas d'autres _ _ _ _ _ que moi.

2- Tu n'invoqueras pas le _ _ _ du Seigneur ton Dieu pour le _ _ _

3- Observe le _ _ _ _ du sabbat en le sanctifiant.

4- Honore ton _ _ _ _ et ta _ _ _ _

5- Tu ne commettras pas de _ _ _ _ _ _ _

6- Tu ne commettras pas d'adultère

7- Tu ne commettras pas de _ _ _

8- Tu ne porteras pas de _ _ _ _ témoignage contre ton _ _ _ _ _ _ _ _

9- Tu ne convoiteras pas la femme de ton prochain

10- Tu ne _ _ _ _ _ _ _ _ _ rien de ce qui lui appartient.

VOL / NOM • MAL / PÈRE • MÈRE / JOUR / DIEUX / MEURTRE / FAUX • PROCHAIN / DÉSIRERAS

Tu **aimeras** le Seigneur
ton **Dieu** de tout ton cœur,
de toute ton âme et de toute
ta force. DEUTÉRONOME 6,5

Tu **aimeras**
ton **prochain**
comme toi-même.
LÉVITIQUE 19,18

Dieu lui-même a donné aux hommes des lois morales. Ce sont les _ _ _ _ _ _ _ _ _ _ _ _ _ _ _ _ _ _ qu'il a confiés à Moïse sur le ***mont Sinaï****. Les trois premiers commandements concernent nos _ _ _ _ _ _ _ _ _ avec le Dieu vivant, unique et vrai. Les sept suivants concernent nos relations avec nos proches.*

› Lis p. 82

Seigneur, j'ai confiance en toi,
et je crois que tes Paroles sont des paroles de vie,
des paroles qui me guident sur le vrai chemin.
Je veux grandir dans la confiance en toi,
être comme l'argile dans les mains du potier,
me laisser façonner par ta volonté d'amour.
Amen

Chers parents,

Si votre enfant n'a pas fini de fabriquer ses tables de la Loi, peut-être pouvez-vous l'aider à les achever et à les coller page 16. Par ailleurs, n'oubliez pas l'énigme du jour : à vous de jouer !

Les **prophètes** : des voix qui réveillent

*La mission des _ _ _ _ _ _ _ _ _ _ est de **réveiller** la foi du peuple, de **l'avertir** quand il fait fausse route et d'**annoncer** ce qui pourrait arriver si rien ne change... Quand ils racontent leurs visions, c'est pour faire réagir le peuple et l'**encourager** à se convertir. Ils **consolent** aussi le peuple chassé de sa terre et condamné à l'exil.*

› Lis p. **72**

Un prophète est un porte-parole de Dieu.

Par mon baptême, moi aussi, je suis un prophète.

« Béni soit l'homme qui met sa foi
dans le Seigneur... »
Celui qui met sa confiance en moi
ressemble à un arbre planté au bord de l'eau.
Quand la chaleur arrive, il n'a peur de rien,
ses feuilles restent toujours vertes.
Même une année de sécheresse
ne l'inquiète pas,
il porte toujours des fruits. (cf. Jérémie 17).

Chers parents,

Pour partager un beau moment avec votre enfant, découvrez avec lui sur internet le Puits de Moïse.

@ Diaporama sur www.universalis.fr/encyclopedie/claus-sluter/3-le-puits-de-moise (Cliquez sur les photos).

Osée, a vécu dans le royaume du nord vers 740 avant Jésus-Christ. C'est pour Israël une période prospère mais troublée.

Parole du Seigneur : « J'ai aimé Israël dès son enfance. » Osée 11,1

Parole du Seigneur : « J'ôterai de votre chair le cœur de pierre, je vous donnerai un cœur de chair. »
Ezéchiel 36,26

Ézéchiel a été déporté à Babylone et prophétise entre 593 et 571 avant Jésus-Christ. Prophète et prêtre, il voit la présence du Seigneur au milieu de son peuple en exil.

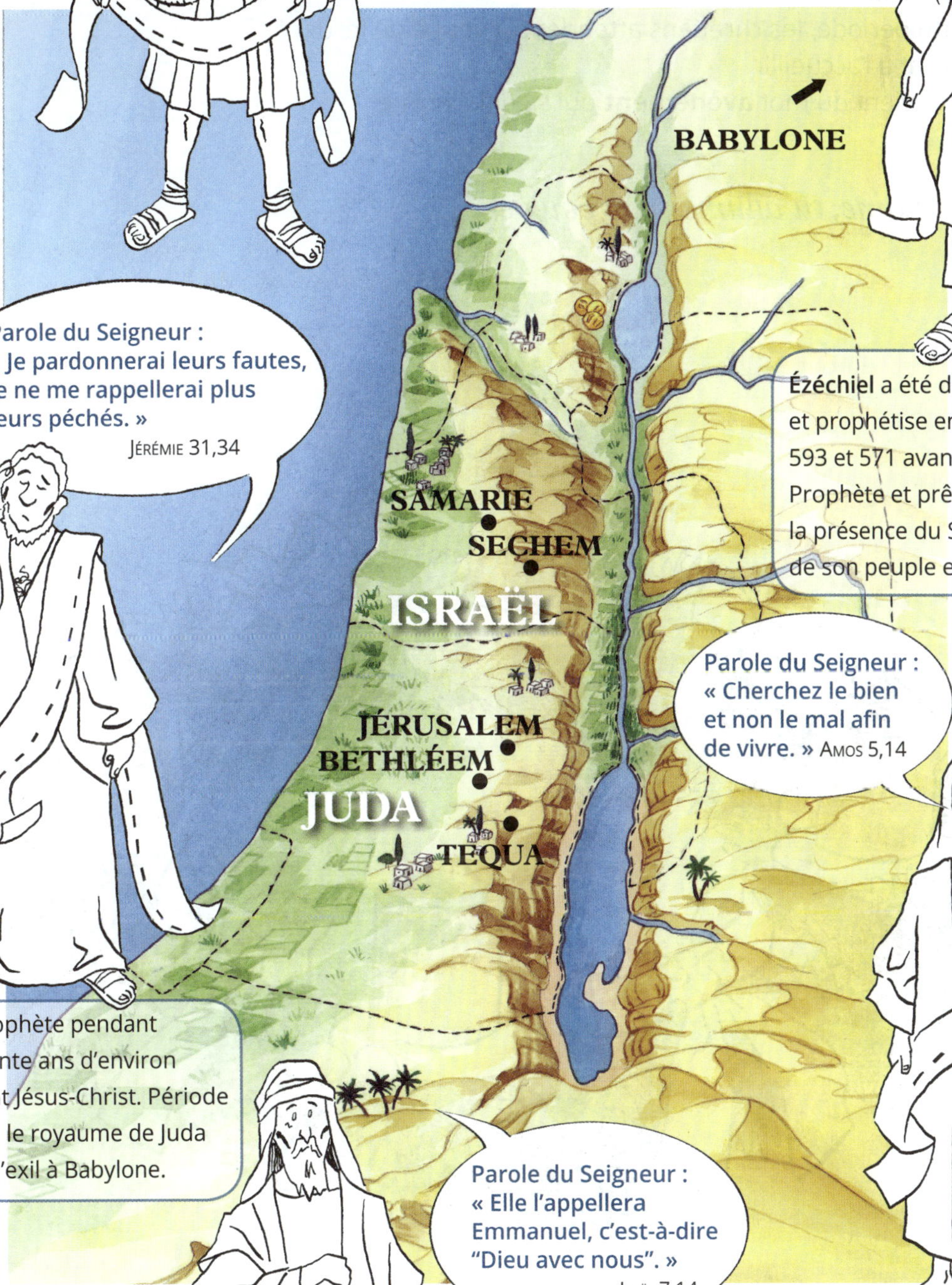

Parole du Seigneur : « Je pardonnerai leurs fautes, je ne me rappellerai plus leurs péchés. »
Jérémie 31,34

Jérémie fut prophète pendant presque quarante ans d'environ 626 à 586 avant Jésus-Christ. Période dramatique où le royaume de Juda disparaît avec l'exil à Babylone.

Parole du Seigneur : « Cherchez le bien et non le mal afin de vivre. » Amos 5,14

Amos est né à Téqoa dansle royaume de Juda mais il prophétise dans le royaume de Samarie vers 750 avant Jésus-Christ.

Parole du Seigneur : « Elle l'appellera Emmanuel, c'est-à-dire "Dieu avec nous". »
Isaïe 7,14

Isaïe est prophète à Jérusalem vers 740 avant Jésus-Christ. Il essaye de soutenir la confiance en Dieu du roi Acaz au cours du siège de Jérusalem.

Va, parle-leur en mon nom !

L'Avent avec le prophète **Isaïe**

L'année liturgique démarre le 1er dimanche de l'Avent.
Ce dimanche ouvre les quatre semaines
qui précèdent Noël.
Pendant cette période, les chrétiens attendent la venue de Jésus
et se préparent à l'accueillir.
Le mot **avent** vient du mot **avènement** qui signifie **venue**.

Chaque semaine, tu allumes une bougie

J'attends la venue de Jésus en préparant mon cœur.

Déjà dans l'Ancien Testament,
les prophètes ont annoncé la venue de Jésus,
et le peuple d'Israël était dans l'attente.

Les prophètes ***annoncent*** *aussi de bonnes __________ : ainsi, Isaïe promet au roi Acaz que son enfant règnera. Cette nouvelle sera comprise comme une _________ s'adressant à l'humanité toute entière. Elle se réalisera avec la naissance de Jésus-Emmanuel, « Dieu-avec-nous ».*

› Lis p. **72**

Regarde la carte page 19.

Le loup habitera avec l'agneau, le léopard se couchera près du chevreau,
le veau et le lionceau seront nourris ensemble, un petit garçon les conduira.
La vache et l'ourse auront même pâture, leurs petits auront même gîte.
Le lion, comme le bœuf, mangera du fourrage. Le nourrisson s'amusera
sur le nid du cobra ; sur le trou de la vipère, l'enfant étendra la main.
ISAÏE 11,6-8

À chaque effort que tu fais pour la paix sur le chemin de l'Avent, tu colories un élément du mot Paix.

1re semaine :
Veillez et priez

2e semaine :
Préparez les chemins du Seigneur

3e semaine :
Quel est celui qui vient ?

4e semaine :
Marie va enfanter un fils qui vient de l'Esprit Saint

Seigneur, j'aimerais t'aider
à mettre ta paix autour de moi,
je voudrais être l'instrument de ta paix.
Sur le chemin de l'Avent,
aide-moi à devenir un artisan de paix,
donne-moi la joie d'être un bâtisseur d'amour.
Petit à petit, fais de chacune de mes pensées,
de chacune de mes paroles,
et de chacun de mes actes,
une pierre vivante de ton royaume de paix.
Seigneur, fais de moi un instrument de ta paix !

Chers parents,

C'est le temps de l'Avent ! Un temps d'attente à vivre ensemble pour bien préparer Noël, pour accueillir la venue de Jésus au sein de votre famille. Nous vous invitons à suivre l'avancée du chemin d'Avent de votre enfant (ci-dessus), et à faire une belle couronne d'Avent pour la table familiale. Joyeuse attente !

Jean Baptiste annonce un Sauveur

› Lis p. 76

Le peuple juif se souvient des promesses des prophètes : ***l'heure est proche où doit venir un Messie.*** *On pense à un roi guerrier, descendant de _ _ _ _ _ , qui rétablirait l'indépendance et apporterait la justice et la paix...*

Mais qui est-il vraiment ?

Le père et la mère de Jean Baptiste s'appellent _ _ _ _ _ _ _ _ et _ _ _ _ _ _ _ _ _ _ .
Sa naissance a été annoncée par l'ange _ _ _ _ _ _ _ _ .
Quand Marie vient visiter sa cousine, Jean Baptiste _ _ _ _ _ _ _ _ _ _ _ dans le ventre de sa maman.

Comment le reconnaît-on ?

Il est vêtu d'une peau de bête.

Il désigne quelqu'un du doigt.

Il est accompagné d'un agneau.

Il tient une croix.

Il porte un livre.

Saint Jean Baptiste prêchant. *Il est le Chemin...* **p. 77**

Jean Baptiste, vers 30 après Jésus-Christ, se retire dans le désert de Judas et prépare les foules à accueillir le Sauveur.
Dans le Jourdain, il donne un baptême de conversion.

Ô bon saint Jean le Baptiste,
Toi qui as préparé le chemin du Messie,
Aide-nous à aplanir et redresser
tout ce qui en nous et autour de nous,
entrave notre marche vers Jésus.
Toi qui as désigné Jésus
comme l'Agneau de Dieu,
fais-nous reconnaître en lui l'homme-Dieu
qui nous sauve encore aujourd'hui.
Toi qui ne t'estimais pas digne
de dénouer la courroie de ses sandales,
inspire-nous toujours,
pour ce même Jésus,
respect, adoration, service et amour.
Et de ce ciel où tu nous précèdes,
protège-nous chaque jour. Amen

Chers parents,

Le temps de l'Avent, c'est aussi le temps où on prépare la crèche. Vous pouvez aider votre enfant à compléter la crèche de son cahier (p. 24-25) en découpant les personnages (Enfant-Jésus, bergers, moutons et Mages…) qui se trouvent sur la page-matériel du cahier p. 91

Noël

24

› Lis p. **220**

Par sa Parole, Dieu a _ _ _ _ le monde, « et il a parlé par les prophètes. » En bon pédagogue, Dieu a attendu le moment propice pour donner un corps à sa Parole. Le _ _ _ _ _ fait chair, c'est Jésus.

« Aujourd'hui, dans la ville
de David, vous est né un Sauveur
qui est le Christ, le Seigneur. »
Luc 2,11

Gloire à Dieu,
au plus haut des cieux,
Et paix sur la terre
aux hommes qu'il aime.
Nous te louons, nous te bénissons,
nous t'adorons,
Nous te glorifions, nous te rendons
grâce, pour ton immense gloire,
Seigneur Dieu, Roi du ciel,
Dieu le Père tout-puissant.
Seigneur, Fils unique, Jésus Christ,
Seigneur Dieu, Agneau de Dieu,
le Fils du Père ;
Toi qui enlèves le péché du monde,
prends pitié de nous ;
Toi qui enlèves le péché du monde,
reçois notre prière ;
Toi qui es assis à la droite du Père,
prends pitié de nous.
Car toi seul es saint,
Toi seul es Seigneur,
Toi seul es le Très-Haut :
Jésus Christ, avec le Saint-Esprit
Dans la gloire de Dieu le Père.
Amen

Chers parents,

Pour que vous puissiez célébrer Noël dans la joie avec vos enfants, nous vous informons que les messes de la Nativité auront lieu aux horaires suivants : ________________

Regardez page 27, une enquête est à mener…

Présentation de Jésus au Temple

Marie et Joseph vont élever leur enfant dans la pure tradition juive : circoncision, au Temple...

› Lis p. **150**

Dans la religion juive, la religion de Marie, Joseph et Jésus, il y a un moment important : quand un petit garçon premier-né de la famille a 40 jours, la loi de Moïse demandait qu'on vienne au Temple pour présenter l'enfant à Dieu. Une famille qui avait de l'argent pouvait offrir un mouton en sacrifice, une famille plus modeste un couple de colombes.

C'est fait, la lumière est
pour toutes les nations.
Comme une étoile dans la nuit
ou comme le soleil
au plus haut de sa course,
elle est visible désormais
pour tous ceux qui la cherchent.
Maintenant la lumière est ici, en bas !
Elle brille pour les bergers,
elle brille pour les anges,
elle brille pour les savants,
elle brille pour toute la création,
elle brille pour les enfants,
et aussi pour les plus âgés,
elle brille pour les pauvres
et pour les riches,
pour les sages et pour les étourdis.
Elle brille pour tous !
La lumière est ici, en bas,
chez nous et elle brille pour tous.

Borgoña, Juan de (v.1470–1536),
Présentation au Temple, 1535, sur bois.

Il est le Chemin... **p. 151**

Maintenant que Syméon a accueilli Jésus au Temple, il est rempli d'espérance.

« Maintenant, ô Maître souverain,
tu peux laisser ton serviteur s'en aller en paix,
selon ta parole. »
LUC 2,29

Qu'est-ce que l'espérance ?
« L'espérance est la confiance
en ce Dieu qui _ _ _ _ _ _ _ _ _ _
ce qu'il t'a promis :
la vie éternelle, dans la joie et la paix. »

› Lis p. **313**

Mène ton enquête !

Interroge ton grand-père,
ta grand-mère, tes oncles
et tantes et demande-leur…

Qui leur a parlé de Jésus dans leur enfance ?
Comment en ont-ils parlé aux autres générations ?
Comment se passait le catéchisme à leur époque ?

Dis-moi, qui t'a parlé de Jésus ?
. . . .
. . . .
. . . .
. . . .
. . . .

Dis-moi, qui t'a parlé de Jésus ?
. . . .
. . . .
. . . .
. . . .
. . . .

Dis-moi, qui t'a parlé de Jésus ?
. . . .
. . . .
. . . .
. . . .
. . . .

Dis-moi, qui t'a parlé de Jésus ?
. . . .
. . . .
. . . .
. . . .
. . . .

Merci Seigneur, tu nous
as envoyé Jésus, la Lumière
de notre vie.
Merci Jésus, tu es avec nous chaque
fois que nous donnons de la joie.
Tu es avec nous chaque fois que nous
donnons de la paix, de l'amour.
Tu marches avec nous chaque jour.
Amen

Chers parents,

Chers parents et grands-parents,
Pendant les vacances de Noël, les enfants vont certainement rencontrer des personnes âgées (grands-parents, grand-tante…).
Même si vous avez des difficultés, des doutes avec la foi, un échange avec vos enfants et vos parents peut être enrichissant.
Merci à vous parents, qui donnez à vos enfants la possibilité de connaître Jésus.

Demande à tes parents la date de ton baptême et note-la page 29. Si tu es baptisé, demande à tes parents une photo de ton baptême, et si c'est possible colles-en une copie sur la page 29 du cahier.

Le **baptême** de Jésus

28

> Dès que Jésus fut baptisé, il remonta de l'eau,
> et voici que les cieux s'ouvrirent...
> MATTHIEU 3,16

› Lis p. **155**

Au début de sa vie publique, Jésus se fait _ _ _ _ _ _ _ _ _ par Jean dans les eaux du _ _ _ _ _ _ _ _ _ . Bien que sans péché, il se solidarise avec les hommes pécheurs, lui « l'Agneau de Dieu qui enlève le péché du monde » (JEAN 1,29).

Le baptême du Christ, manuscrit arménien, 1362, Évangile du peintre Yovhannès de Berkri (Vaspurakan), Musée Arménian Ispahan (Iran). *Il est le Chemin...* **p. 265**

- Jésus est avec Jean Baptiste dans les eaux du Jourdain, l'auréole de Jésus a une croix rouge.
- Jean Baptiste pose sa main droite sur la tête de Jésus. Jésus lève sa main droite avec trois doigts ouverts et deux doigts joints, Pourquoi ?
- Au-dessus de Jésus, les cieux sont ouverts et le Père (main) envoie l'Esprit Saint (colombe) sur Jésus, son Fils bien-aimé.
- Jésus est vêtu d'un simple linge noué à la taille, comme il le sera sur la croix.

JEU Barre une lettre sur deux pour trouver cette phrase étonnante du prophète Isaïe !

« PAih ! RSoi dtau gdiénckhoisriaoils mlaets jcoiueaudx, hsoi ptiu gduejslcuednldoauits. »

ISAÏE 63,19

Le jour de son baptême, Jésus inaugure le baptême nouveau, celui que nous avons reçu.

Les chrétiens sont baptisés dans l'eau et l'Esprit Saint.

Le jour de ton baptême, une voix au ciel a dit : « Voici mon fils bien-aimé, en lui j'ai mis tout mon amour ! »

› Lis p. **244**

Le baptême c'est comme une nouvelle
_ _ _ _ _ _ _ _ _ _ ,
une naissance à la vie qui ne finira pas.
Le _ _ _ _ _ _
des péchés est réalisé par le baptême.
Celui qui _ _ _ _ _ _
et sera baptisé sera sauvé (Marc 16,16).
Sans le baptême, nous resterions prisonniers du péché.

« Moi, je baptise dans l'eau, dit Jean Baptiste, mais Jésus baptise dans l'Esprit Saint. »
(D'après Jean 1,26.33)

Colle une photo de ton baptême

Colle ici ton dessin sur le baptême de Jésus

« Celui-ci est mon Fils bien-aimé » :
Dieu notre Père,
merci d'avoir déchiré les cieux,
merci d'avoir envoyé sur terre ton Fils
bien-aimé, de nous l'avoir donné,
pour qu'il nous apprenne à devenir
nous aussi tes enfants bien-aimés.

« En lui, j'ai mis tout mon amour » ;
« en lui je trouve ma joie » !
Dieu notre Père, nous ne te voyons pas,
nous ne t'entendons pas ;
mais nous allons regarder Jésus,
nous allons l'écouter,
et c'est lui qui nous apprendra
que tu es tout amour,
que tu sais nous aimer.
Il va nous apprendre à aimer,
comme toi, Dieu notre Père, tu nous aimes.
Merci !

Chers parents,

Si votre enfant est baptisé, merci de noter ici la date et le lieu de son baptême :

____

____

Si votre enfant n'est pas baptisé, n'hésitez pas à en parler avec lui et avec le prêtre de votre paroisse ou l'aumônier de votre école.

Qui est mon **prochain ?**

30

Marie et Joseph ont transmis à Jésus les Écritures. Durant son enfance et sa vie d'adulte, Jésus a entendu, écouté, lu et prié ces textes, il les connaît par cœur.

Écoute, Israël : le Seigneur notre Dieu est l'Unique. Tu aimeras le Seigneur ton Dieu de tout ton cœur, de toute ton âme et de toute ta force.

DEUTÉRONOME 6,4-9

Tu ne haïras pas ton frère dans ton cœur... Tu aimeras ton prochain comme toi-même.

LÉVITIQUE 19,17-18

Après avoir lu le texte de l'Évangile selon saint LUC *10,10-37, le Bon Samaritain, reconstitue l'histoire en complétant le texte avec les mots suivants :* **Dieu – approche – charge – descendu – confie – homme – soigne – Sauveur**

« Un homme descendait de Jérusalem à Jéricho... »
Cette descente est le signe du péché,
il se détourne de _ _ _ _
puisqu'il quitte la ville sainte !
« Le prêtre et le lévite descendent aussi par ce chemin... »
En effet, ils ne prennent pas soin
de l'_ _ _ _ _ blessé, ils descendent
eux aussi !
« Un Samaritain qui était en route s'approcha... »
Qui est-il ce Samaritain, cet étranger, qui est
en route, et qui s'_ _ _ _ _ _ _ _ ?

Qui est-il celui qui est _ _ _ _ _ _ _ _
du ciel pour prendre soin de l'homme ?
Qui est-il celui qui _ _ _ _ _ _
l'homme avec l'huile et le vin ?
Qui est-il celui qui se _ _ _ _ _ _
de l'homme, comme un berger portant
sa brebis perdue ?
Qui est-il celui qui _ _ _ _ _ _
l'homme à l'Église ?
C'est Jésus le _ _ _ _ _ _ _ _ !

« Va et toi aussi fais de même »

Dans une journée, je rencontre
tant de personnes...
Maman et papa qui me réveillent...
Le voisin qui me salue...
La maîtresse qui m'accueille...
Mes copains de classe avec qui je joue...
Toi, Jésus, à qui je parle
dans le secret de mon cœur...
Dis-moi, Seigneur, qui est mon prochain ?
Rappelle-toi le Bon Samaritain...
il s'est fait le prochain de l'homme blessé :
Va, et toi aussi, fais de même !

Si tu aimes Dieu
de tout ton cœur,
fais-toi proche...
De ta petite sœur
qui pleure ce matin !
De mamie qui aimerait une visite
ou un coup de téléphone !
Du nouveau qui vient d'arriver
dans la classe !
De mes parents qui sont fatigués ce soir !
De tous ceux que tu as rencontrés
dans la journée et pour qui
tu pries le soir...
Fais ainsi et tu auras la vie !

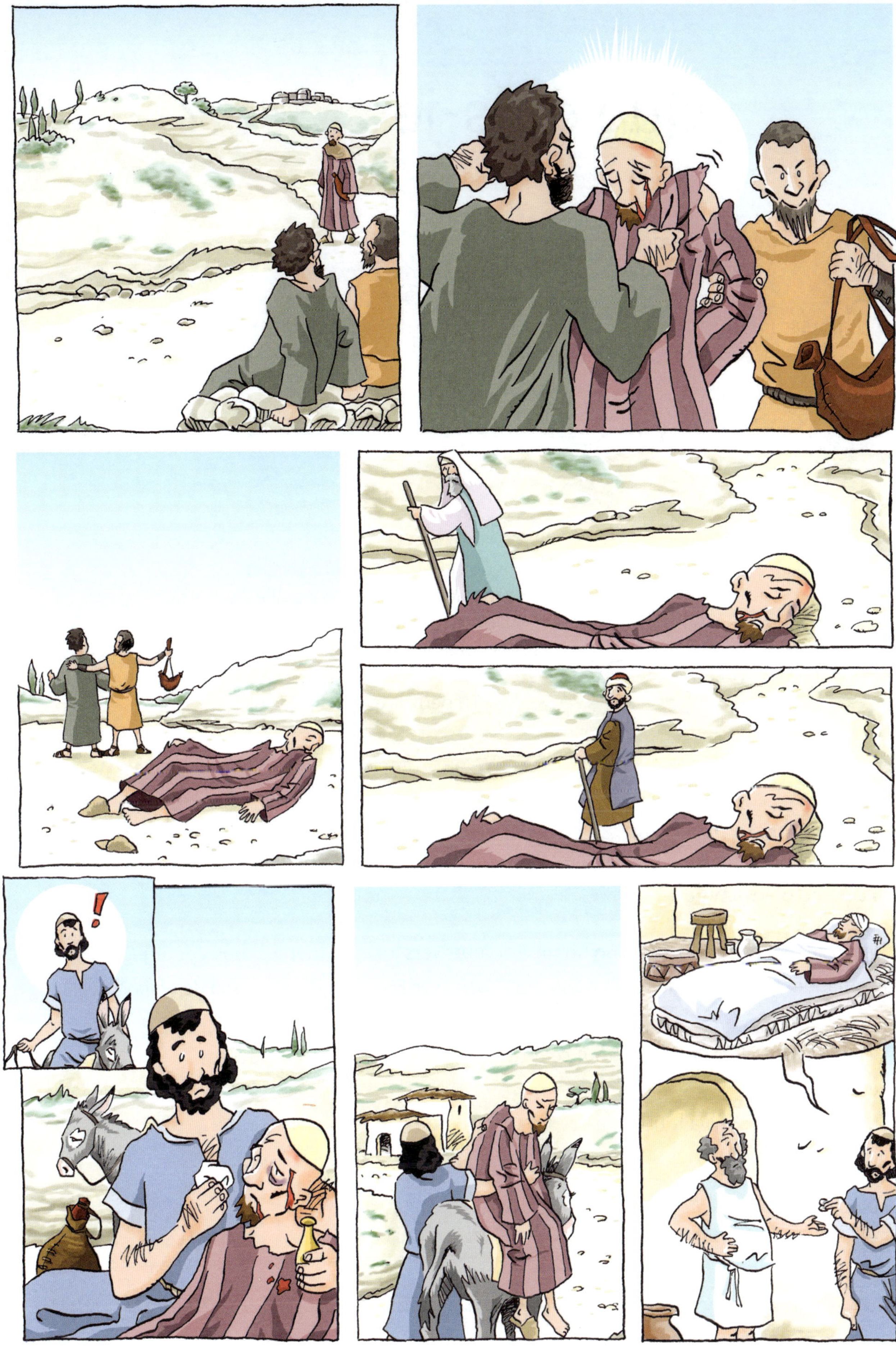

***Aimez-vous les uns les autres comme je vous ai aimés.* JEAN 15,12**

L'important dans cette parole est le « _ _ _ _ _ ». La loi d'amour est la loi de la vie chrétienne. On n'aime pas avec des mots, mais avec des _ _ _ _ _ et avec un cœur _ _ _ . C'est vraiment ce que Jésus attend de toi, de nous tous !

› Lis p. **300**

Que dois-je **faire** ?

Jésus est exigeant.

Qui veut le suivre doit savoir dire « non » à certaines choses, _ _ _ _ _ _ _ _ _ à ses propres projets. Parfois, ses disciples ne le comprennent pas. Il arrive aussi que ses paroles les _ _ _ _ _ _ _ _ _ . Alors, certains le quittent.

› Lis p. **158**

Après avoir lu le texte de l'Évangile selon saint Marc 10,17-22, l'homme riche, complète le texte avec les mots : **aimer - donner - commandements regarde - suivre**

Jésus se met en route quand un homme accourt vers lui et se met à genoux pour lui demander ce qu'il doit faire pour toujours vivre avec Dieu. Jésus lui répond de respecter les _ _ _ _ _ _ _ _ _ _ _ _ _ _ _ . Jésus le _ _ _ _ _ _ _ _ et se met à l'_ _ _ _ _ _ .
Il lui propose alors de vendre tout ce qu'il a, de le _ _ _ _ _ _ _ aux pauvres et de le _ _ _ _ _ _ _ .
Mais l'homme s'en va tout triste.

Pourquoi l'homme riche s'en va-t-il tout triste ?
Parce qu'il n'a pas compris l'_ _ _ _ _ de Jésus.

Est-ce que je fais attention au regard que Jésus pose sur moi ?

Jésus prend le temps de rencontrer les gens, de les regarder, et il voit ce qu'il y a dans leur cœur. Il les aide à aller vers Dieu, mais il les laisse libre. Quand ils acceptent de se laisser sauver, il partage leur joie.

Après avoir lu l'Évangile selon saint Luc 19,1-10, la rencontre de Zachée, complète le texte avec les mots : **voir - salut - sauver - joie - lève - demeurer**

Jésus traverse Jéricho, et Zachée aimerait bien le _ _ _ _ . Comme il est petit, il grimpe sur un arbre. En passant, Jésus _ _ _ _ les yeux vers Zachée et lui dit de descendre car il veut _ _ _ _ _ _ _ _ _ le jour-même chez lui. Zachée reçoit Jésus avec _ _ _ _ et lui confie qu'il va donner la moitié de sa fortune aux pauvres et rendre quatre fois plus s'il a été malhonnête. En sortant Jésus dit que Zachée est un vrai fils d'Abraham, qu'il a accueilli le _ _ _ _ _ parce que lui, Jésus, est venu chercher et _ _ _ _ _ _ _ tous les gens perdus.

Pourquoi Zachée est-il dans la joie ?
Parce qu'il a eu _ _ _ _ _ _ _ _ _ _ _ en Jésus.

En effet, Jésus nous donne la joie de vivre comme il nous le demande.

› Lis p. **304**

Jésus nous montre la **puissance de l'**_ _ _ _ _ , qui est capable de transformer nos vies. Il suffit que tu _ _ _ _ _ _ ton cœur à Jésus.

À toi aussi, Jésus demande beaucoup :
D'aimer les autres, de faire la paix,
de pardonner, de partager, de servir...
Est-ce possible ? Si tu restes seul : Non !
Avec l'aide de Jésus : Oui !

JEU Remets les lettres dans l'ordre pour chaque mot et réponds à la question... Jésus nous demande-t-il vraiment l'impossible ?

« eC uqi set piomlssibe ruop esl esmmho, tse lbpssoie oupr euDi. »

Luc 18,27

. . . .

. . . .

. . . .

Jésus, merci pour tout ce que tu m'as donné, toutes mes richesses.
Qu'elles m'aident à me rapprocher de toi et des autres,
Qu'elles ne m'empêchent pas de croire en toi, de mettre ma confiance en toi.
Et, si c'est difficile, comme pour Zachée et l'homme riche,
aide-moi, parce qu'avec toi, tout devient possible.
Amen

Avec **Jésus**, tout devient possible

L'Évangile est une bonne nouvelle qui _ _ _ _ _ _ vraiment le monde !
Il suffit que tu ouvres ton cœur à Jésus. Son Esprit viendra _ _ _ _ _ _ _
en toi pour te souffler ce qui est bien.
› Lis p. **304** *Pour te faire comprendre cela, Jésus prend l'image de la _ _ _ _ _ .*

Moi, je suis la vigne, et vous, les sarments.

Jean 15,1-9

JEU Découvre la règle d'or cachée dans l'Évangile selon saint Matthieu…

« Tout ce que vous voudriez que les autres fassent pour vous, faites-le pour eux, vous aussi. »

Matthieu 7,12

› Lis p. **312**

Jésus n'est pas venu supprimer les commandements, mais te rendre ________ de les vivre.
Si tu aimes comme Jésus, tu obéis à une loi inscrite en ton ______, tu n'as pas l'impression qu'on t'oblige à faire quelque chose que tu ne comprendrais pas.
*Tu vois, **tu n'es pas tout seul**. Par sa ______, Jésus éclaire les choix que tu dois faire chaque jour ; il te soutient dans tes ________.*

Qu'est-ce que la grâce ?
C'est la sève qui alimente les sarments de la vigne.
Ce sont tous les dons que Jésus nous fait.

› Lis p. **305**

***L'Esprit Saint est un formidable moteur**, il entraîne en toi tout ce qu'il y a de meilleur. Quand tu le laisses agir, l'Esprit de Dieu parle en toi, il ________ en toi ses fruits, il ________ en toi ses œuvres. C'est ce que l'on appelle la grâce.*

Viens, Esprit d'amour,
nous faire aimer
ce que Dieu veut.
Viens Esprit de force, accomplir
en nous ce que Dieu aime.
Viens Esprit de joie, nous greffer
au cœur du Christ.

Tu es la sève
qui nous communique sa vie,
embrase-nous de son amour,
illumine-nous de sa joie,
comble-nous de sa paix.

Viens Esprit de Jésus,
transforme-nous à son image,
rends nos cœurs semblables au sien.
Viens, Esprit du Père, pour que
sa volonté soit notre nourriture
et notre fête. Amen

Chers parents,

Le Carême commence par la célébration du mercredi des cendres.

Elle aura lieu : ______________________________

____

Pour la prochaine rencontre de catéchèse, votre enfant aura besoin de coller des vignettes. Pouvez-vous l'aider à découper les trois vignettes qui sont sur la page-matériel p. 93 ? Merci !

Les **tentations** de Jésus au désert

*Puis **pendant 40 ans**, le peuple vit dans le désert*

› Lis p. **64**

*Puis, Jésus est tenté **pendant 40 jours** au désert. Il résiste aux tentations du diable.*

› Lis p. **154**

MATTHIEU 4,1-11

Colle ici les Hébreux ramassant la manne

• Il n'est pas un magicien

Colle ici les récriminations des Hébreux

• Il ne se donne pas en spectacle.

Colle ici les Hébreux adorant le veau d'or

• Il ne cherche pas le pouvoir.

Pour ***résister aux tentations****, Jésus s'appuie sur la _ _ _ _ _ _ de Dieu.*

› Lis p. **155**

Comment faire barrage à la tentation ?

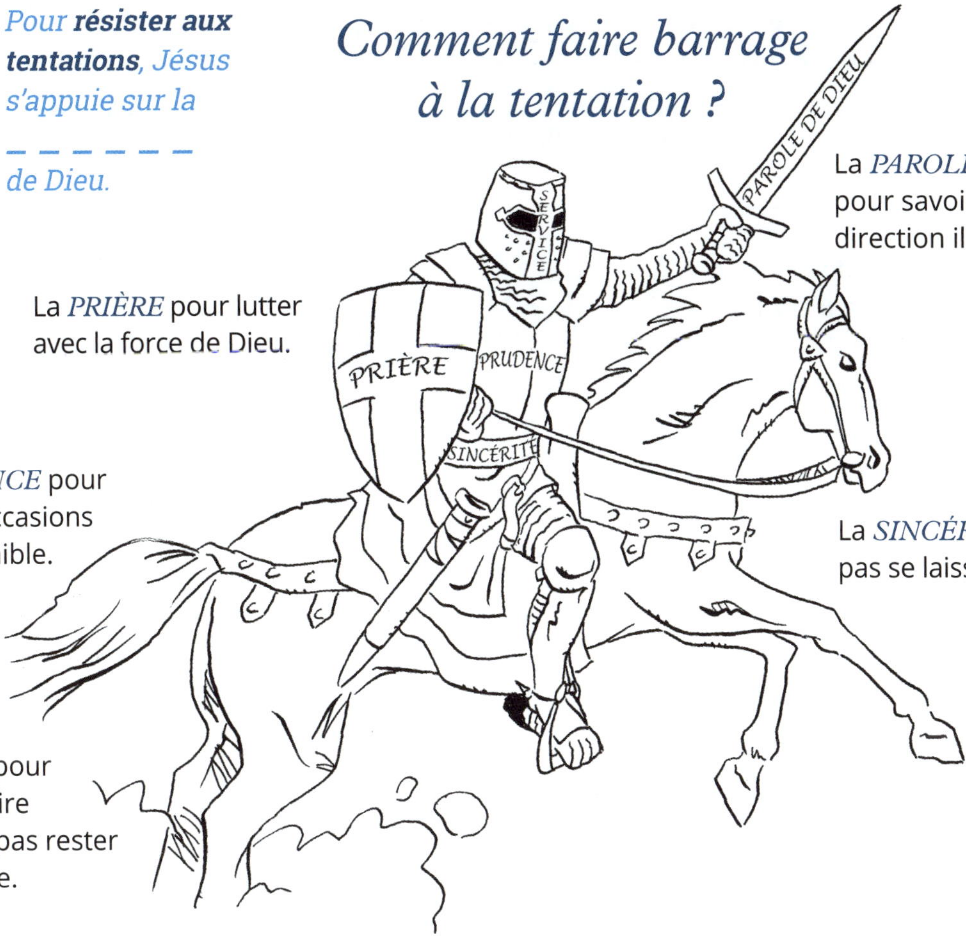

La *PAROLE DE DIEU* pour savoir dans quelle direction il faut avancer.

La *PRIÈRE* pour lutter avec la force de Dieu.

La *PRUDENCE* pour éviter les occasions où je suis faible.

La *SINCÉRITÉ* pour ne pas se laisser entraîner.

Le *SERVICE* pour chercher à faire le bien et ne pas rester sans rien faire.

> « Puisez votre énergie dans le Seigneur et dans la vigueur de sa force.
>
> Revêtez l'équipement de combat donné par Dieu, afin de pouvoir tenir contre les manœuvres du diable. »
>
> LETTRE DE SAINT PAUL AUX ÉPHÉSIENS 6,10-11

› Lis p. **334**

« Ne nous laisse pas entrer en tentation »

La tentation, c'est la petite voix qui chuchote en nous pour nous _ _ _ _ _ _ _ vers le mal.
Avec le Christ,
tu peux avoir la _ _ _ _ _
de dire « _ _ _ »
à la tentation,
et la _ _ _ _ _ _ _ _ _
de la fuir lorsqu'elle s'approche.

Esprit Saint,
toi qui as conduit Jésus au désert,
Rends-nous forts pour résister aux tentations.
Grâce à toi Seigneur,
je vais pouvoir rester debout :
Rends mon oreille attentive pour écouter,
Donne-moi deux mains libres
et habiles pour partager,
Mets dans ma bouche les mots d'amour
qui aident à vivre ensemble,
Garde mon cœur rempli du désir
de rendre service.
Amen

Chers parents,

Le Carême est un temps propre aux chrétiens. Malheureusement, il passe quelques fois inaperçu… Pour que ce soit un Carême de croissance et de développement, n'oubliez pas de le vivre avec votre enfant : une prière, un partage, quelques efforts simples et quotidiens.

Le Carême avec Jésus au désert

Retrouve la prière qui t'aidera à vivre chaque commandement pendant le Carême.

› Lis p. **86**

Tu n'adoreras que Dieu seul

Adorer Dieu seul c'est rejeter toutes ces ______ qui veulent te ________.
Car seul le vrai Dieu te rend libre.

› Lis p. **114**

Plus de mensonges !

Ne pas dire la vérité dans l'intention de ________, cela est mal. Il ne faut donc pas s'habituer à mentir.

› Lis p. **118**

Contrôle tes envies !

Ce commandement invite les personnes de tous âges à contrôler leurs _______.
Nous ne devons pas considérer l'autre comme une chose que l'on peut _________.

› Lis p. **122**

Je ne veux pas être jaloux !

Ce commandement veut mettre de l'ordre dans ton cœur. Il veut _________

- *l'_____ qui fait qu'on désire toujours plus ;*
- *la _________ qui nous compare toujours aux autres ;*
- *l'________ qui veut qu'on retient tout pour soi.*

Seigneur, pendant le Carême, je veux respecter ce qui appartient aux autres et te remercier pour ce que j'ai. Mets en moi le désir d'élargir mon cœur et de me rejouir pour tout ce qu'ils font de beau.

Seigneur, pendant le Carême, viens modérer mes envies et rappelle-moi que je ne peux jamais me servir des autres pour mon propre plaisir. Apprends-moi à être au service des autres.

Seigneur, pendant le Carême, je veux m'attacher beaucoup plus à toi, parce que tu m'aimes et tu veux me rendre libre. Apprends-moi à ne pas rester accroché aux choses qui ne durent pas.

Seigneur, pendant le Carême, apprends-moi à aimer la vérité. Avec toi, je veux vivre dans la confiance avec mes parents, mes professeurs et mes amis.

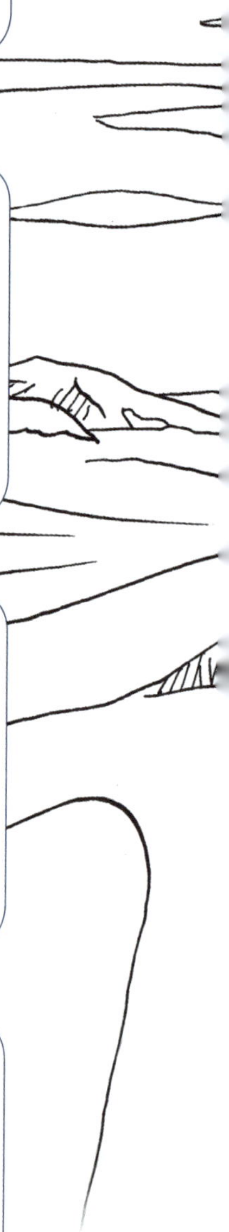

Au cours du désert du Carême, je prie pour faire grandir mon cœur : avec Jésus, je vis un Carême pour la vie !

Transforme ce désert en oasis en dessinant des arbres, des fruits, des fleurs qui symbolisent la vie.

Esprit Saint,
toi qui as conduit Jésus au désert,
rends-nous forts pour résister
aux tentations.
Amen

Écoute et **parle** avec Dieu

› Lis p. **324**

*Toi aussi, **tu peux prier comme Jésus**. Tu peux choisir un endroit tranquille par exemple, un coin dans ta chambre pour _ _ _ _ _ _ à Dieu, seul à seul, et l'_ _ _ _ _ _ _ _ parler à ton cœur. Tu pries avec les autres, le dimanche à la messe, ou avec ton groupe de catéchèse.*

Jésus au mont des Oliviers, Bible historiée toute figurée
Il est le Chemin... **p. 327**

Les attitudes de prières sont nombreuses, tu peux compléter cette liste...

Debout

À genoux,

En silence

Dans la nature

Les mains jointes...

Les yeux fermés.

La prière de Jésus est une école de prière.

« Père, entre tes mains
je remets mon esprit. »
Luc 23,46

« Père, je te rends grâce parce que tu m'as exaucé. Je savais bien, moi, que tu m'exauces toujours... » Jean 11,41-42

Notre Père,
qui es aux cieux,
que ton nom soit sanctifié.
que ton règne vienne,
que ta volonté soit faite
sur la terre comme au ciel.

Donne-nous aujourd'hui
notre pain de ce jour.
Pardonne-nous nos offenses,
comme nous pardonnons aussi
à ceux qui nous ont offensés.
Et ne nous laisse pas entrer en tentation,
mais délivre-nous du Mal. Amen

Matthieu 6,9-13

« Père, Seigneur du ciel
et de la terre, je proclame
ta louange : ce que tu as caché
aux sages et aux savants,
tu l'as révélé aux tout-petits. »
Luc 10,21

« Père, si tu le veux,
éloigne de moi cette coupe ;
cependant, que soit faite
non pas ma volonté,
mais la tienne. » Luc 22,42

› Lis p. 324

Si tu as l'impression que Jésus n'est pas là quand tu pries,
ne te laisse pas _ _ _ _ _ _ _ _ _ .
Même si tu ne sens pas sa présence, **Jésus est toujours fidèle**,
il reste tout _ _ _ _ _ _ de toi.
Et plus tu le pries, plus il vit en toi, au cœur de tout ce que tu fais.

À chaque pas,
à chaque mouvement,
en rentrant et en sortant,
en revêtant nos vêtements
ou en mettant nos chaussures,
au bain, à table,
quand on allume les lampes,
en nous couchant, en nous asseyant,
à toute occupation,
nous marquons nos fronts du signe
de la croix.
Amen
Tertullien

Chers parents,

Nous avons parlé avec vos enfants de la prière chrétienne. Si cela n'a pas été fait au caté, nous vous proposons de fabriquer avec eux la salière à prières... en imprimant et découpant la feuille que vous trouverez sur le blog www.mediatech21.fr.

Je me **réconcilie** avec Dieu

Une parabole est une histoire que Jésus raconte pour nous faire comprendre la vie avec son Père. Avec cette histoire, il nous parle de l'amour tendre et miséricordieux de son Père.

La parabole du fils prodigue :
« Un homme avait deux fils… »
Luc 15,11-32

1- Le plus jeune dit à son père :
« Père, donne-moi la part
de fortune qui me revient. »
Et le père leur partagea ses biens. (v 12)

Le péché, c'est se détourner de Dieu,
c'est chercher à mener sa vie sans lui.

2- Il dilapida sa fortune en menant une vie de désordre. Il commença à se trouver dans le besoin.

Il alla s'engager auprès d'un habitant de ce pays, qui l'envoya dans ses champs garder les porcs… mais personne ne lui donnait rien…

Alors, il rentra en lui-même et se dit :
« Combien d'ouvriers de mon père ont du pain en abondance, et moi, ici, je meurs de faim ! » (v 13-17)

Être pécheur, c'est faire le mal et c'est ainsi
se retrouver blessé, malheureux.

Grâce au sacrement de _ _ _ _ _ _ _ _ _ _ _ _ _ _ _ _ , tu vas vivre une rencontre avec Dieu.
N'aie pas peur de te _ _ _ _ _ _ _ _ à lui. Dans le secret total, tu avoues tes manquements au prêtre.
En te reconnaissant pécheur, tu ouvres ton cœur à Dieu qui t'aime.
Puisque tu regrettes ce que tu as fait, Dieu va t'aider à _ _ _ _ _ _ _ _ _ _ _ !

› Lis p. **278**

3- Comme il était encore loin,
son père l'aperçut...
il courut se jeter à son cou et le couvrit de baisers.
Le fils lui dit : « Père, j'ai péché contre le ciel et envers toi. Je ne suis plus digne d'être appelé ton fils. » (v 20-21)

Quel changement ! Quand je prends conscience de ma faute et demande pardon, car Dieu m'attend avec tout son amour.

4- Mais le père dit à ses serviteurs :
« Vite, apportez le plus beau vêtement pour l'habiller, mettez-lui une bague au doigt et des sandales aux pieds...
mangeons et festoyons... »

Le fils aîné se mit en colère...

Le père répondit : « Toi, mon enfant,
tu es toujours avec moi,
et tout ce qui est à moi est à toi.
Il fallait festoyer et se réjouir ;
car ton frère que voilà était mort,
et il est revenu à la vie ; il était perdu,
et il est retrouvé ! » (v 22-23 ; 31-32)

Le pardon, c'est une fête ! C'est une renaissance. La dignité est renouvelée, l'alliance est célébrée, la confiance est redonnée.

Seigneur, j'ai confiance en toi,
je sais combien tu m'aimes,
malgré mes péchés.
Je veux renouveler ma foi en ton amour,
en venant me confier totalement à toi,
en te confiant tout ce que je suis,
y compris mes faiblesses, mes péchés,
les ténèbres de mon cœur.
Toi seul peux me purifier, me pardonner,
et renouveler tout mon être,
afin que je puisse grandir dans ton amour
et servir mes frères jour après jour. Amen

Chers parents,

Votre enfant va recevoir le sacrement du pardon. Si vous souhaitez, vous aussi, faire cette démarche, un temps est prévu dans votre paroisse pour les adultes, le : ________________
Pendant le temps du Carême, nous découvrirons un geste important de Jésus, le lavement des pieds. Pour bien comprendre ce geste, nous vous proposons de noter page 46, les services mutuels que l'on se rend en famille. Merci pour votre aide !

Le sacrement du **pardon**

› Lis p. **244**

Le sacrement de la _ _ _ _ _ _ _ _ _ _ _ _ _ _ _ _ *renouvelle en nous la grâce du* _ _ _ _ _ _ _ _ *, nous remet à neuf, nous redonne le désir d'agir en chrétiens, en disciples de Jésus.*

Colle ici une enveloppe dans laquelle tu auras glissé la pénitence que tu as choisie avec le prêtre.

Je confesse à Dieu tout-puissant,
je dis à Dieu, je me confie à lui.
je reconnais devant mes frères, que j'ai péché
en pensée, en parole, par action et par omission
volontairement je ne fais pas
ce que je dois faire
oui, j'ai vraiment péché.
C'est pourquoi je supplie la Vierge Marie,
les anges et tous les saints,
et vous aussi, mes frères,
de prier pour moi le Seigneur notre Dieu.

Acte de contrition
regret sincère d'avoir offensé Dieu
Mon Dieu, j'ai un très grand regret
de vous avoir offensé
parce que vous êtes infiniment bon,
infiniment aimable,
et que le péché vous déplaît.
Je prends la ferme résolution,
avec le secours de votre sainte grâce
de ne plus vous offenser et de faire pénitence.

Murillo, Bartolomé Esteban,
Le retour de l'Enfant prodigue,
baroque espagnol, XVIIe siècle

Il est le Chemin... **p. 163**

« Mon Dieu, j'ai péché contre toi et mes frères,
mais près de toi se trouve le pardon.
Accueille mon repentir
mon désir de changer
et donne-moi la force de vivre selon ton amour. »

Comment recevoir le sacrement du pardon ?

Je me présente au prêtre (on peut s'asseoir ou se mettre à genou en signe d'humilité).

« Bonjour père, bénissez-moi parce que j'ai péché. »

Je fais le signe de croix avec le prêtre.

« Au nom du Père, et du Fils, et du Saint-Esprit. »

Je dis mes péchés : ça restera un secret absolu. Le prêtre peut m'aider à les voir en vérité ou à les dire.

« Pardon Seigneur parce que… »

Le prêtre me donne un conseil ou un « acte de pénitence » à faire pour m'aider à grandir en sainteté.

Je demande pardon par un « acte de contrition » par lequel je me reconnais pécheur, par exemple :

« Mon Dieu, j'ai péché contre toi et mes frères, mais près de toi, se trouve le pardon. Accueille mon repentir et donne-moi la force de vivre selon ton amour. »

Le prêtre étend la main et me donne le pardon de Dieu par la « prière d'absolution ». Écoute bien cette prière :

« Que Dieu, notre Père, te montre sa miséricorde ; par la mort et la résurrection de son Fils, il a réconcilié le monde avec lui et il a envoyé l'Esprit Saint pour la rémission des péchés ; par le ministère de l'Église, qu'il te donne le pardon et la paix.
Et moi, au Nom du Père, et du Fils, et du Saint-Esprit, je te pardonne tous tes péchés. »

Je fais le signe de croix avec le prêtre.

« Au nom du Père, et du Fils, et du Saint-Esprit. AMEN. »

Je peux ensuite me recueillir un instant : faire silence en mon cœur et remercier le Seigneur en disant cette prière…

Réconcilié avec Dieu,
Réconcilié avec mes frères,
Réconcilié avec moi-même,
Je te dis, Seigneur, toute ma joie.
Merci pour le pardon que tu me donnes,
Pour ton amour qui est de toujours
et pour toujours.
Je repars confiant avec la force
que tu me donnes,
Et je veux répondre à ton appel à vivre
avec toi dans la vérité.
Amen

› Lis p. **278**

Le prêtre te proposera une **pénitence**, par exemple de dire une _ _ _ _ _ _ , et de faire une belle _ _ _ _ _ _ qui va manifester ta conversion.

Chers parents,

Les horaires des célébrations de la semaine sainte sont

....

....

....

....

46

Le **jeudi saint**

› Lis p. **178**

Jésus fait préparer une salle pour partager avec ses disciples le repas de la _ _ _ _ _ _ .
Auparavant, geste étonnant, Jésus a lavé les pieds de ses disciples, pour montrer qu'il est le _ _ _ _ _ _ _ _ _ _ de tous. Par ce geste il t'invite à faire de même (JEAN 13,15).

Le service est une preuve d'amour au cœur de la vie quotidienne.

Voici quelques services mutuels que l'on se rend tout simplement en famille : ____________________

____

____

Pendant le repas, Jésus, ayant pris du pain et prononcé la bénédiction, le rompit et, le donnant aux disciples, il dit : « Prenez, mangez : ceci est mon _ _ _ _ _ _ . »

Puis, ayant pris une coupe et ayant rendu grâce, il la leur donna, en disant : « Buvez-en tous, car ceci est mon _ _ _ _ , le sang de l'Alliance, versé pour la multitude en rémission des péchés. »

Matthieu 26,26-28

Père de miséricorde,
fais descendre ta grâce
sur le prêtre que tu nous donnes.
Nous te confions celui que tu as choisi,
[le père N.]
pour nous conduire sur le chemin
de l'Évangile.
C'est par ses mains consacrées
que tu nous donnes ton Fils
en chaque Eucharistie,
c'est par ses mains consacrées
que tu répands sur nous la grâce
de ton pardon.
Que ton Esprit Saint le comble
de la joie profonde de te servir.
Bénis-le, garde-le dans la paix
de ton amour.
Amen

› Lis p. **286**

Quand Jésus a-t-il décidé qu'il devait y avoir des prêtres ? Souviens-toi : quand il a _ _ _ _ _ _ _ _ _ le pain et le vin, le soir du jeudi saint, et qu'il a dit : Faites cela en mémoire de moi (Luc 22,19). Le prêtre est là pour que tu sentes que Jésus veut être proche de toi. Le prêtre est son _ _ _ _ _ _ _ _ _ _ _ _ _ .

Chers parents,

La semaine sainte est un moment essentiel dans la vie des chrétiens. N'oubliez pas d'accompagner votre enfant aux offices, afin qu'il puisse en recevoir tous les bienfaits.

Le **vendredi saint**

Le baiser de Judas

« Judas, c'est par un baiser que tu livres le Fils de l'homme ? »
Luc 22,48

Jésus, souviens-toi de moi quand tu viendras dans ton Royaume.
Luc 23,42

Il fait nuit... dans le cœur de Judas...
et dans le cœur de Pierre...

Le reniement de Pierre

Pierre avait dit : « Même si je dois mourir avec toi, je ne te renierai pas. »
Matthieu 26,35

Jésus traverse la ville chargé d'une _ _ _ _ _ qu'il porte jusqu'au Golgotha.
C'est là qu'il est crucifié entre deux bandits.
Il expire à 3 heures de l'après-midi, puis est déposé dans un _ _ _ _ _ _ _
fermé par une lourde pierre et gardé par des soldats.

› Lis p. **178**

La Passion selon
SAINT LUC 23,39-48

Jésus, toi qui es dans mon cœur,
je crois en ton amour pour moi,
et je t'aime. Amen
SAINTE MÈRE TERESA

Chers parents,

Lors de la prochaine rencontre les enfants devront coller dans leur cahier les différents symboles de la liturgie de Pâques. Pouvez-vous aider votre enfant à découper chaque symbole de la page 93 du cahier [page matériel] et à bien les emporter avec son cahier. Un grand merci !

Célébrer **Pâques**

*Pour faire
ressortir la lumière
du Christ
ressuscité,
colle sur cette
page grisée
les symboles
de la fête
de Pâques*

› Lis p. **182**

Jésus n'est pas resté prisonnier de la mort. Il est _ _ _ _ _ _ _ .
Jésus est ressuscité !

Mots mêlés :
la semaine sainte

ANE
BARABBAS
CALVAIRE
CENE
CENTURION
CIERGE
COQ
CORPS
COUPE
CROIX
FEU
JOIE
JUDAS
LAVEMENT
LINCEUL
LUMIERE
MALFAITEUR
PAIN
PARADIS
PARDON
PASCAL
PIEDS
PIERRE
PILATE
RAMEAUX
RENIEMENT
RESSUSCITE
SANG
SERVITEUR
TOMBEAU
VIN

T	N	E	M	E	I	N	E	R	S	P	R	O	C
C	O	Q	N	C	E	N	E	L	S	A	D	U	J
M	I	N	I	A	P	T	J	O	I	E	N	E	C
A	R	A	M	E	A	U	X	H	C	E	R	G	U
L	U	I	S	L	E	L	L	A	T	R	E	S	E
F	T	T	I	P	A	U	L	R	U	E	C	E	F
A	N	P	U	C	E	V	S	A	P	I	R	S	S
I	E	O	S	C	A	G	E	A	U	M	O	E	A
T	C	A	N	I	S	B	R	M	C	U	I	R	B
E	P	I	R	S	M	A	I	E	E	L	X	R	B
U	L	E	D	O	D	T	E	A	I	N	L	E	A
R	U	E	T	I	V	R	E	S	L	C	T	I	R
V	I	N	S	E	L	U	N	O	D	R	A	P	A
P	I	A	E	T	I	C	S	U	S	S	E	R	B

Avec les lettres restantes, trouve la phrase et recopie-la : ....

....

Alléluia ! Alléluia !
Loué sois-tu Seigneur !
Tu es ressuscité, tu es vivant pour toujours !
Tu es plus fort que le péché, que la souffrance et que la mort !
Par ta victoire, tu nous donnes la Vie.
Amen. Alléluia !

Pierre croit en **la Résurrection**

C'était le premier jour de la semaine… Marie Madeleine vient nous trouver et nous dit : « On a enlevé le Seigneur de son tombeau, et nous ne savons pas où on l'a déposé. »

Avec Jean, nous sommes partis vers le tombeau. Il courait plus vite que moi et il est arrivé le premier. En se penchant, il a vu que les linges (le linceul) étaient posés à plat ; mais il n'est pas entré.

Quand je suis arrivé, je suis entré dans le tombeau, et j'ai vu les linges (le linceul), posés à plat, et le suaire (le linge qui avait entouré la tête de Jésus), non pas posé avec le linceul, mais roulé à part à sa place. Nous n'avions pas encore compris qu'il fallait que Jésus ressuscite d'entre les morts ! Mais là, nous avons cru ! Et nous sommes rentrés chez nous.

D'après
JEAN 20,1-10

Le soir de Pâques, nous étions réunis et soudain, il était là au milieu de nous. Il nous a dit :

« La paix soit avec vous ! »

Nous étions stupéfaits !!! Il nous a demandé pourquoi nous étions bouleversés. Il nous a montré ses mains et ses pieds : c'était bien lui ! Il a même mangé un morceau de poisson grillé. Il nous a alors rappelé tout ce qu'il nous disait quand il était avec nous, il nous a fait comprendre les Écritures : elles avaient annoncé les souffrances du Messie, sa résurrection d'entre les morts le troisième jour, et l'appel à la conversion de toutes nations. Et nous, nous en serions les témoins ! Pour cela, il nous a demandé de rester à Jérusalem jusqu'à ce que nous soyons revêtus de la puissance de Dieu…

D'après
Luc 24,36-49

› Lis p. **182**

Jésus reste encore 40 jours
avec ses disciples et les enseigne.
Ils comprennent peu à peu qui est
Jésus et tout ce qui s'est passé.
Leur _ _ _ devient plus solide.

Quelques jours plus tard, Jésus leur renouvelle cette promesse : « Vous allez recevoir une force quand le Saint-Esprit viendra sur vous ; vous serez alors mes témoins à Jérusalem, dans toute la Judée et la Samarie, et jusqu'aux extrémités de la terre. » ACTES DES APÔTRES 1,8

Seigneur, nous avons reçu le témoignage de ton ami Pierre.
Après l'épreuve de ta Passion, après son triple reniement,
il est témoin de ta Résurrection,
de ta victoire sur la mort.

Ses yeux ont du mal à s'ouvrir à cette lumière nouvelle,
Mais il commence à croire que tu es vraiment ressuscité.
Il entre petit à petit dans cette vie nouvelle,
qui s'ouvre pour lui par ta Résurrection.

Plus rien ne sera comme avant ! Maintenant, les Apôtres qui avaient peur,
habitent ta Paix, les Apôtres qui étaient tristes, entrent dans ta Joie. Amen

La fête de **Pentecôte**

Le jour de la Pentecôte, vers neuf heures du matin, nous étions réunis tous les Douze à Jérusalem ; avec Marie nous étions en attente dans la prière… Il y avait avec nous Matthias, tout nouvellement élu pour rejoindre notre groupe. Soudain, c'est comme un violent coup de vent qui s'est engouffré dans la maison, et nous avons vu comme des langues de feu se poser sur chacun de nous. Tout de suite, nous avons compris que nous étions remplis d'Esprit Saint, nous nous sommes sentis habités par une force nouvelle, et sans peur, nous sommes sortis dans la ville…

› Lis p. **198**

***50 jours après Pâques**, pendant la fête juive de _ _ _ _ _ _ _ _ _ _ , voilà qu'un bruit pareil à un violent coup de _ _ _ _ ébranle la pièce. Ils voient apparaître sur chacun d'eux comme des langues de _ _ _ . « Tous furent remplis d'Esprit Saint » (Actes des Apôtres 2,4)*

Ô Esprit Saint, viens éclairer nos intelligences,
pour que nous croyons en la Résurrection ;
viens réchauffer nos cœurs, pour que nous vivions en présence de Jésus ;
viens animer nos esprits, pour que nous parlions de Jésus à nos frères ;
viens affermir nos pas, pour que nous allions à la rencontre de Jésus.

Toi qui es vent, viens animer mon esprit, Toi qui es feu, viens embraser mon cœur,
Toi qui es saint, viens transformer ma vie. Amen

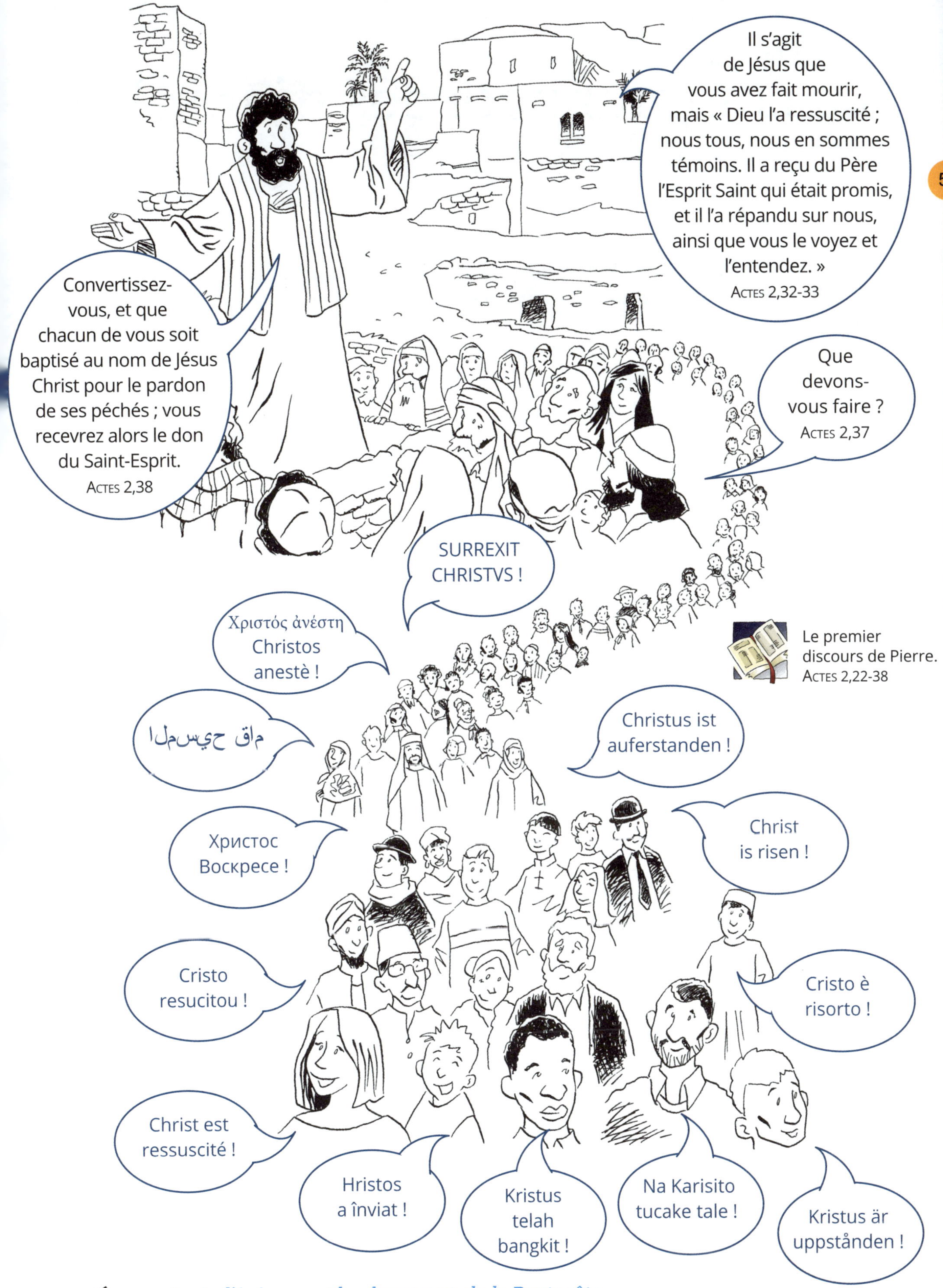

Le premier discours de Pierre.
Actes 2,22-38

Après l'événement bouleversant de la Pentecôte,
les Apôtres ont _ _ _ _ _ _ _ _ les nouveaux convertis en disant :
« Vous recevrez le _ _ _ du Saint-Esprit. » (Actes des Apôtres 2,38)

› Lis p. **266**

La communauté des **disciples**

› Lis p. **198**

Très impatients de poursuivre la mission de Jésus, poussés par l'Esprit Saint, ils prêchent Jésus ressuscité. Des communautés se forment :
fidèles à _ _ _ _ _ _ _ l'enseignement des Apôtres,
à _ _ _ _ _ en communion fraternelle,
à rompre le pain et à participer aux _ _ _ _ _ _ _ .

Les trois piliers de la communauté chrétienne :

Les premiers disciples **croient** en Jésus ressuscité. Ils écoutent l'enseignement des Apôtres pour mieux comprendre leur foi :

Croire
[*Foi*]

Et toi ?
Prends-tu soin de ta foi ?

....

....

....

Les premiers disciples **vivent** dans l'amour de Jésus. Ils partagent ce qu'ils ont et vivent dans la joie et la simplicité du cœur.

Vivre
[*Vie*]

Et toi ?
Comment vis-tu de tout ton cœur ?

....

....

....

Les premiers disciples **prient** en allant régulièrement au Temple et en célébrant l'eucharistie (la fraction du pain).

Célébrer
[*Prière*]

Et toi ?
Prends-tu le temps de prier fidèlement ?

....

....

....

Va lire l'histoire de la communauté des disciples dans les Actes des Apôtres 2,42-47.

Christ
Chrétien

› Lis p. 198

À Antioche, pour la première fois, le nom de « chrétiens » est donné aux disciples de Jésus (Actes des Apôtres 11,26).

Esprit Saint, Détail du plafond de la Chapelle de Sainte Teresa d'Avila, Germantown, New York.

Connais-tu des chrétiens ?

Note leur nom et leur mission.

....

....

....

› Lis p. 266

La confirmation est le complément du baptême.
Jésus nous fait renaître « de l'eau et de l'Esprit » (Jean 3,5). L'Esprit est le _ _ _ définitif que Dieu nous fait de lui-même pour nous rendre plus _ _ _ _ _ .

Ce jour-là, tu reçois la force et l'audace dont tu as besoin pour montrer que tu es _ _ _ _ _ _ _ _ _ , pour vivre ta foi au milieu des autres. Chaque _ _ _ _ _ _ _ _ _ _ _ _ _ est comme une Pentecôte !

Esprit Saint, viens fortifier ma FOI,
l'éclairer et la porter à sa pleine maturité ;
Viens habiter ma VIE,
dynamiser mon service et sanctifier mon travail ;
Viens animer ma PRIÈRE,
la féconder, afin qu'elle porte du fruit
pour le salut du monde.

Esprit de Dieu, fais-moi brûler du désir
de te recevoir,
d'être consacré par toi,
d'être sanctifié par toi,
afin de devenir pleinement un ami de Jésus,
et un fils de Dieu pour oser dire : NOTRE PÈRE…

Chers parents,

Lors de la prochaine rencontre, nous allons parler de l'eucharistie. C'est peut-être l'occasion de demander à votre enfant : a-t-il pris la décision de préparer sa confirmation et sa première communion ?

Jésus, pain vivant

58

Comme Moïse, Jésus a célébré le repas de la Pâque (va voir pages 14-15), il a partagé le pain azyme et la coupe de bénédiction avec ses Apôtres. Au cours de ce repas, Jésus s'est offert lui-même. C'est son dernier repas que l'on appelle la Cène (va voir page 47). En partageant le pain, Jésus donne son Corps livré.
« Prenez et mangez-en tous, ceci est mon Corps livré pour vous. »
En partageant la coupe, Jésus donne son Sang versé.
« Prenez et buvez-en tous, car ceci est la coupe de mon Sang, le Sang de l'Alliance nouvelle et éternelle, qui sera versé pour vous et pour la multitude en rémission des péchés. »

Note les quatre parties de la messe :

A..
P..
E..
E..

Jésus a fait une prière d'action de grâce à Dieu son Père, au cours de laquelle il s'offrait lui-même par avance en _ _ _ _ _ _ _ _ _ _ . Il offre sa vie pour les hommes en mourant sur la croix. Ce _ _ _ total de lui-même est plus _ _ _ _ _ _ _ _ que tout le mal commis par les hommes.

› Lis p. **270**

La Pâque juive annonce la _ _ _ _ _ de Jésus passant de la mort à la vie.

› Lis p. **64**

À chaque messe, c'est Jésus qui se donne.

« Dieu, notre Père, nous te prions d'envoyer ton Esprit, pour que ce pain et ce vin deviennent le corps et le sang de Jésus, notre Seigneur

La veille de sa mort, il nous a prouvé ton amour : il était à table avec ses disciples ;
il prit un morceau de pain,
il dit une prière pour te bénir et te rendre grâce ;
il partagea le pain et le donna
aux disciples, en leur disant : Prenez,
et mangez-en tous : ceci est mon corps livré pour vous.

Il prit ensuite une coupe remplie de vin ; il dit encore une prière pour te rendre grâce ; il fit passer la coupe à chacun en leur disant : Prenez, et buvez-en tous,
car ceci est la coupe de mon sang,
le sang de l'Alliance nouvelle et éternelle,
qui sera versé pour vous et pour la multitude en rémission des péchés.

Et puis il leur dit : « *Vous ferez cela, en mémoire de moi.* »

(2e PRIÈRE EUCHARISTIQUE POUR LES ENFANTS).

Le seul sacrifice qui nous _ _ _ _ _ , c'est l'offrande que Jésus a faite de sa propre vie. Chaque eucharistie rend présent ce sacrifice unique.

› Lis p. **132**

Le pain que Jésus distribue n'est plus le pain, mais son Corps livré. Le vin n'est plus le vin, mais son Sang versé. Par l'_ _ _ _ _ _ _ _ _ _ _, Jésus nous fait entrer dans sa prière d'action de grâce et rend présent pour nous le sacrifice de la _ _ _ _ _.

› Lis p. **270**

Oui, Père très bon, c'est une fête pour nous ;
notre cœur est plein de reconnaissance :
avec Jésus, nous te chantons notre joie.
Tu nous aimes tellement que tu inventes pour nous ce monde immense et beau.
Tu nous aimes tellement que tu nous donnes ton Fils, Jésus, pour nous conduire à toi.
Tu nous aimes tellement que tu nous rassembles en lui, comme les enfants d'une même famille.
Pour tant d'amour, nous voulons te rendre grâce et chanter notre merci. Amen

2E PRIÈRE EUCHARISTIQUE POUR LES ENFANTS

Lorsque je vais communier, je reçois le « Pain Vivant », « Corps du Christ » : Je réponds _ _ _ _ pour dire que je suis d'accord.

Chers parents,

Alors que nous avons approfondi avec votre enfant le sens de l'eucharistie, nous vous rappelons votre engagement d'éducateurs chrétiens : il est indispensable que vous accompagniez votre enfant à la messe du dimanche.

Je donne ma **confiance** à Dieu

Avoir la foi, c'est avoir confiance en Dieu.
Dans la Bible, nous rencontrons beaucoup de personnes qui ont confiance en Dieu.

Une femme touche avec confiance le vêtement de Jésus.
Jésus lui dit : « Confiance ma fille ! Ta foi t'a sauvée. » Matthieu 9,20-22

Un homme prie Jésus avec foi de guérir son serviteur.
Jésus dit : « Chez personne, je n'ai trouvé une telle foi. » Matthieu 8,5-13

• *Jésus lui demande de demeurer dans sa maison. Jésus dit : « Lui aussi est un fils d'Abraham »* (Luc 19,9).
Qui est-il ? Qu'a-t-il fait ?
(Indice : un sycomore.)

....

....

• *Dieu l'appelle pour qu'il fasse sortir son peuple d'Égypte. Dieu lui dit : « Je suis le Dieu de ton père »* (Exode 3,6).
Qui est-il ? Qu'a-t-il fait ?
(Indice : un buisson ardent.)

....

....

• *Jésus lui confie cette Église qu'il veut bâtir sur sa foi. Jésus lui dit : « J'ai prié pour toi, afin que ta foi ne défaille pas »* (Luc 22,32).
Qui est-il ? Qu'a-t-il fait ? (Indice : des clefs.)

....

....

• *Jésus lui demande de le baptiser comme les autres… Jésus dit de lui : « Personne n'est plus grand que lui »* (Matthieu 11,11).
Qui est-il ? Qu'a-t-il fait ?
(Indice : une peau de chameau.)

....

....

• *Connais-tu d'autres personnes qui ont mis leur confiance en Dieu ?*

....

....

....

....

....

....

....

› Lis p. **313**

La foi. Tu as la _ _ _ lorsque tu t'en remets totalement à Dieu parce que tu as _ _ _ _ _ _ _ _ _ _ en lui. Concrètement, avoir la foi, c'est devenir disciple de Jésus. Tu peux dire : Seigneur, tu es pour moi le Chemin, la Vérité, la Vie (cf. Jean 14,6). C'est cela la foi.

Ne t'inquiète pas si tu as l'impression de ne pas tout _ _ _ _ _ _ _ _ _ _ _ _ .
La foi va à Dieu qui se fait connaître et a son projet sur nous. Elle va plus loin que notre _ _ _ _ _ _ _ _ _ _ _ _ _ _ _ . **Grâce aux mots du Credo**, *tu mets ta confiance en Dieu, tel que Jésus nous l'a fait connaître.*

› Lis p. **208**

Dieu Un et Trinité, miniature du Missel de Cambrai, v.1120, Médiathèque Cambrai.

Il est le Chemin... **p. 214**

Ce texte est très ancien, il date du IIe siècle !

Le Symbole des Apôtres

Je crois en Dieu, le Père tout-puissant,
créateur du ciel et de la terre.
Et en Jésus Christ, son Fils unique,
notre Seigneur,
qui a été conçu du Saint-Esprit,
est né de la Vierge Marie,
a souffert sous Ponce Pilate,
a été crucifié, est mort et a été enseveli,
est descendu aux enfers,
le troisième jour, est ressuscité des morts,
est monté aux cieux,
est assis à la droite de Dieu
le Père tout-puissant,
d'où il viendra juger
les vivants et les morts.
Je crois en l'Esprit Saint,
à la sainte Église catholique,
à la communion des saints,
à la rémission des péchés,
à la résurrection de la chair,
à la vie éternelle.

Amen

Je suis d'accord, c'est vrai

JEU Remets les lettres de chaque mot dans le bon ordre pour trouver cette déclaration de Jésus rapportée par MATTHIEU 8,13

uqe uott es sspae uopr iot noesl at iof

. . . .

. . . .

Chers parents,

La prière de cette rencontre : quelle bonne occasion de professer sa foi en famille !
Et... à vous de jouer, avec votre enfant, pour trouver cette déclaration de Jésus qui donne envie d'avoir la foi !

Le **chemin de foi** de Pierre

› Lis p. **232**

Pierre, pêcheur en Galilée, a été appelé par Jésus pour être désormais « pêcheur d'hommes » (Marc 1,17).
Plus tard, Pierre affirme : Jésus, tu es le Christ, le Fils du Dieu Vivant !
Devant cette _ _ _ assurée, Jésus répond : Tu es Pierre, et sur cette pierre je _ _ _ _ _ _ _ _ mon Église... Je te donnerai les _ _ _ _ _ du Royaume des cieux... (Matthieu 16,18-19)

L'Église est la communauté des disciples de Jésus animée par l'Esprit Saint, confiée aux Apôtres avec Pierre à leur _ _ _ _ .

Pierre, toi l'ami de Jésus,
je te prie pour que tu m'aides à devenir moi aussi un ami de Jésus.
Apprends-moi à accueillir son appel,
toi qui as laissé tes filets pour le suivre ;
apprends-moi à écouter sa Parole,
toi qui as accueilli ses paroles pour la vie éternelle ;
apprends-moi à garder confiance en lui,
toi qui as reçu une foi solide comme pierre ;
apprends-moi à savoir demander pardon,
toi qui l'as renié, toi qui as pleuré ton péché ;
apprends-moi à pardonner à mes frères,
toi qui as appris à pardonner 70 fois 7 fois ;
apprends-moi à dire chaque jour à Jésus que je l'aime,
toi qui lui disais avec force : « Seigneur, tu sais bien que je t'aime. »
Amen

Et maintenant, à toi aussi Jésus demande :

Pour toi, qui suis-je ?

Chers parents,

C'est la fin de l'année. Dès maintenant, pensez à la rentrée en inscrivant déjà votre enfant au catéchisme… Les inscriptions sont ouvertes !

Notez que la règle du jeu ci-contre se trouve sur le blog www.mediatech21.fr

DEPART
1 Nous avons trouvé le Messie ! Jean 1,35-41
2 Tu t'appelleras PIERRE Jean 1,42
3 Sur ta parole, je vais jeter les filets! Luc 5,1-5
4 Ce sont des hommes que tu prendras ! Luc 5,6-11
5
6 Marc 1,29-31
7 Il en appela douze. Marc 3,13-19
8 Talitha Koum ! Marc 5,37-43
9 Ils allaient de village en village Luc 9,1-6
10 Donnez-leur vous-mêmes à manger ! Marc 6,34-44
11 Viens ! Homme de peu de foi, pourquoi as-tu douté ? Matthieu 14,22-33
12 Tu rejoues
13 Tu es le Christ Matthieu 16,13-16
14 Je te donnerai les clefs du Royaume des cieux Matthieu 16,17-19
15 Arrière Satan ! Matthieu 16,21-23
16 Il est bon que nous soyons ici ! Marc 9,2-8
17 Ressusciter ??? Marc 9,9-10
18 Tu rejoues
19 Qui est le plus grand d'entre nous ? Marc 9,33-37
20 Allez ouste les enfants ! Marc 10,13-16
21 7 x 10 = !! 77 x 7 = !!! 77 x 7 x 70 = !!!! Matthieu 18,21-22
22 Jean 13,1-15
23 Même si je dois mourir avec toi ! Matthieu 26,30-35
24 Gethsémani Marc 14,32-42
25 Remets ton épée au fourreau Jean 18,10-11
26 NON ! NON ! NON ! Luc 22,54-62
27 Jean 19,25-30
28 On a enlevé le Seigneur de son tombeau ?!!! Jean 20,1-10
29 Tu rejoues
30 La Paix soit avec vous ! Luc 24,36-43
31 C'est le Seigneur ! Jean 21,1-14
32 Pierre, m'aimes-tu ? Pierre, m'aimes-tu ? Pierre, m'aimes-tu ? Jean 21,15-17
33 Ils le virent disparaître à leurs yeux dans une nuée Actes des Apôtres 1,8-11
34 Il est ressuscité ! Il est ressuscité ! Actes des Apôtres 2,1-13
35 Au nom de Jésus Christ, lève-toi et marche ! Actes des Apôtres 3,1-10
36 Pierre à Rome
Arrivée

Qui est **Remi** ?

Saint Remi est né à Laon en 437 dans une riche famille chrétienne ; il reçoit une solide instruction. Orateur brillant et proche du peuple, il possède les qualités de pasteur, de diplomate et d'administrateur bien nécessaires en cette époque d'instabilité politique. À l'âge de 22 ans, Remi est donc appelé sur le siège épiscopal de Reims. En 486, Reims fait partie du royaume Franc. Clovis, bien que païen, est impressionné par l'autorité spirituelle de l'évêque. En 491, Clovis épouse Clotilde, jeune princesse chrétienne qui fera tout pour amener son époux à la foi au Christ. Le 25 décembre 496, Clovis est baptisé par saint Remi.

Beaucoup de chrétiens, en particulier des religieux, venaient auprès de Remi recevoir ses conseils. Il était un pivot de l'Église des Gaules au début des temps mérovingiens, conseiller de Clovis, confident de Clotilde, ami de Geneviève de Paris (423-512). Il fonde de nouveaux évêchés et répand la douce lumière de l'Évangile après la douloureuse période des invasions barbares. Il vivra jusqu'à quatre-vingt-seize ans (mort à Reims en 533).

Évêque de Reims, apôtre des Francs

Fête : *le 15 janvier*
Souvent représenté baptisant Clovis

Dans l'ancienne Gaule, un jeune garçon grandit dans une famille riche qui lui donne une éducation solide.

À 22 ans, Remi est choisi pour sa foi et sa bonne formation comme évêque de Reims.

Clovis, le chef des Francs, lit une lettre que lui envoie Remi.

Remi conseille Clovis pour qu'il gouverne avec justice et bonté.

Clovis se marie avec Clotilde, une jeune princesse burgonde, une chrétienne qui a une très grande foi en Jésus.

Clotilde apprend à son jeune époux à se tourner vers le ciel. L'évêque Remi l'aide à ouvrir le cœur de Clovis à l'amour de Dieu.

En 496, la bataille de Tolbiac est difficile. Mais Clovis prie le Dieu de Clotilde et il remporte la victoire contre les Alamans.

Remi baptise Clovis, et 3000 de ses guerriers le 25 décembre 496. Une colombe apporte l'huile sainte pour qu'il soit consacré.

Remi est un évêque qui prend soin des pauvres et il ouvre un hôpital pour les malades.

Remi est très écouté par ses frères évêques et il conseille les plus jeunes.

L'évêque Remi meurt le 13 janvier 532, et déjà de nombreux pèlerins viennent à Reims pour se recueillir près de son tombeau.

Qui est **Vincent** ?

Saint Vincent de Paul (1581-1660), d'une origine modeste dans les Landes, a souhaité devenir prêtre pour échapper à sa condition paysanne. Mais, les événements et les rencontres de sa vie ont formé en lui un cœur de prêtre attentif aux autres et particulièrement sensible à toutes les situations de pauvreté. Alors qu'il était précepteur dans une riche et influente famille parisienne, la confession d'un pauvre paysan va l'orienter vers une nouvelle mission : évangéliser les campagnes. C'est ainsi, qu'il fonde différentes institutions pour venir en aide aux oubliés de la société : les malades, les prisonniers, les enfants abandonnés, mais aussi les prêtres qui ne sont pas formés, et les illettrés. Il fonde notamment les lazaristes pour réévangéliser les campagnes, et les Filles de la Charité avec sainte Louise de Marillac. Il leur demandait de mettre le service des pauvres à la première place, au point qu'elles pouvaient passer de la prière à l'aide aux pauvres, car c'était « quitter Dieu pour Dieu ». Les rencontres qu'il aura avec Pierre de Bérulle, et saint François de Sales seront décisives ; elles formeront un cœur plein d'humilité et de douceur à celui que ses contemporains appelaient « Monsieur Vincent ». Il mourut le 27 septembre 1660 en prononçant le nom de Jésus.

Fête : *le 27 septembre*

Signe : *secourant des pauvres et des orphelins*

Vincent grandit dans les Landes où il aide son père à la ferme.

C'est décidé, Vincent étudie et se prépare à devenir prêtre.

« Nous t'en prions Père tout-puissant, donne à ton serviteur que voici d'entrer dans l'ordre des prêtres. »

À Paris, Vincent espère trouver une place de précepteur dans une famille riche.

Il rencontre le père de Bérulle qui l'aide
à comprendre sa mission de prêtre.

Vincent enseigne aux enfants de la famille
de Gondi dont il est le précepteur.

Un jour, il est appelé auprès d'un pauvre paysan
pour le confesser. Il est bouleversé par tant
de pauvreté. Son cœur de prêtre est touché.

Vincent s'investit dans une petite paroisse
où il prêche de tout son cœur.

À Chatillon-sur-Chalaronne, il organise l'aide
pour les pauvres avec des femmes très généreuses.

De retour à Paris, il est nommé aumônier des galères
et se dévoue toujours plus pour les pauvres.

Vincent s'entoure de prêtres et de sœurs
qui développent son œuvre.

Aujourd'hui il inspire encore beaucoup de chrétiens
qui aident les plus démunis et veillent à l'éducation
des jeunes.

Qui est **Catherine** ?

Sainte Catherine (1806-1876) est huitième d'une famille de dix enfants. Elle n'a que 9 ans quand sa maman meurt et elle choisit alors la Vierge Marie comme mère de substitution. Elle s'occupe de la ferme, et des tâches ménagères, et passe de longues heures de prière à l'église du village. Une nuit, elle voit en songe le visage d'un prêtre âgé qu'elle reconnaîtra quelques années plus tard au cours de ses études chez les sœurs de Châtillon comme étant saint Vincent de Paul. Elle rentre chez les Filles de la Charité de la rue du Bac à Paris, et une nuit, le 18 juillet 1830 (elle a 24 ans), elle se sent appelée par un enfant qui l'invite à venir à la chapelle. La Vierge Marie lui apparaît. En novembre, alors que Catherine est en prière, Marie lui apparaît de nouveau tenant dans ses mains un globe surmonté d'une petite croix : « cette boule représente le monde entier et chaque personne en particulier ». Puis Marie ouvre les mains et des rayons en sortent : « ces rayons sont le symbole des grâces que la Sainte Vierge obtient aux personnes qui les lui demandent ». Marie lui demande alors de faire frapper une médaille sur ce modèle portant l'invocation : « ***Ô Marie conçue sans péché, priez pour nous qui avons recours à vous.*** »

Catherine quitte la rue du Bac pour servir dans un hospice de pauvres. Elle y vivra discrètement, dans un service humble et fidèle jusqu'à sa mort. Catherine meurt le 31 décembre 1876.

Le Pape Pie XII canonisera Catherine LABOURÉ en 1947.

Fête : *le 25 novembre*
Signe : *la médaille miraculeuse*

À la mort de sa maman, Catherine a 9 ans. Elle embrasse la petite statue de la Vierge Marie :

À 12 ans, Catherine s'occupe de tout dans la maison. Elle aide son père, sans oublier de se confier à Dieu chaque jour.

Dans son sommeil, elle voit le visage d'un prêtre. Mais qui est-il ?

Catherine est serveuse dans le restaurant de son frère à Paris. Elle découvre tout un monde, avec ses peines et ses pauvretés...

Avec l'accord de son père, Catherine peut enfin entrer chez les sœurs de Saint-Vincent de Paul !

Le 18 juillet 1830, Catherine est réveillée par un enfant qui l'invite à descendre à la chapelle.

C'est là que la Vierge Marie lui a fixé un rendez-vous !

En novembre, Marie apparaît à nouveau à Catherine. Elle porte le monde dans ses mains maternelles.

La Vierge Marie répand aussi une pluie de grâces sur le monde.

« Ô Marie conçue sans péché, priez pour nous qui avons recours à vous. »

Qui est **Don Bosco** ?

Jean Bosco est né en 1815 près de Turin, une grande ville d'Italie. Ses parents sont agriculteurs. Il a deux frères et vit avec sa maman et sa grand-mère, car son père meurt quand il a 2 ans. Sa maman Marguerite doit travailler dur à la ferme. Un jour où il raconte un de ses rêves à sa maman, elle lui dit : « Peut-être que c'est un appel du Seigneur et que tu seras prêtre ? », et il lui dit alors qu'il y pense depuis longtemps déjà. Adolescent, il joue à l'acrobate et au funambule pour amuser les enfants de son village et en profite pour leur parler de Jésus. À 20 ans, il part à Turin pour entrer au séminaire où il va faire ses études pour devenir prêtre.

Devenu prêtre, il se dévoue aux jeunes ouvriers de Turin abandonnés à eux-mêmes. Il les aime, et se montre bon avec eux. Il crée à leur intention un centre de loisirs, un patronage, puis des ateliers. Il ne fait pas de plans à l'avance, tout se décide au fur et à mesure des besoins, et ils sont très grands !... Jamais il ne refuse d'accueillir un jeune, même si la maison est petite, même si l'argent manque. Sa confiance absolue en la Providence n'est jamais déçue. Jean Bosco éduque les jeunes par la douceur, la confiance et l'amour.

Il regroupe autour de lui quelques prêtres enthousiastes, pour l'aider à s'occuper des enfants, et ils prient saint François de Sales pour qu'il les aide : ce sont les futurs salésiens. Don Bosco meurt le 31 janvier 1888.

Fête : *le 31 janvier*
Signe : *entouré de jeunes !*

Jean Bosco n'avait que 2 ans quand son père mourut en 1817. Sa mère s'occupe seule de ses trois garçons et assure les travaux de la ferme.

Jean aime à divertir les enfants de son village en faisant des numéros de saltimbanque ou de funambule. Il leur raconte aussi des histoires.

Pour pouvoir payer ses études, Jean doit travailler dur. Cela lui permet d'entrer au petit séminaire, une école où enseignent des prêtres.

Jean vient d'être ordonné prêtre, en 1841, et il célèbre la messe pour la première fois dans son village.

En paroisse à Turin, Don Bosco prend le temps de parler avec les jeunes, de les écouter. Il veut les comprendre et les aider.

Don Bosco rentre de promenade avec une bande de jeunes très heureux d'avoir un prêtre qui s'occupe d'eux, mais ils sont aussi très turbulents !

Grigio, un chien providentiel, sauve plusieurs fois Don Bosco de pièges qui lui sont tendus par des adversaires.

Les jeunes accueillis par Don Bosco apprennent un métier et retrouvent un équilibre grâce à leur travail.

Bien plus qu'un métier, Don Bosco veut leur apprendre à vivre, à prier et à connaître ce Dieu qui les aime.

L'œuvre de Don Bosco est considérable, si bien qu'il doit faire construire de grandes maisons, et une église aussi, grâce aux dons qui lui sont faits.

Il meurt le 31 janvier 1888, après avoir recommandé aux Salésiens qu'il a fondés, d'avoir une grande dévotion à l'eucharistie et à la Vierge Marie.

Qui est **Thérèse** ?

Thérèse Martin est née à Alençon le 2 janvier 1873. Il n'aura fallu que 24 ans à Thérèse pour devenir « la plus grande sainte des temps modernes » (Pape Pie X). Après une enfance marquée par le bonheur familial, mais aussi la mort de sa maman et l'entrée au Carmel de ses deux grandes sœurs, Pauline et Marie, elle devient hyper-sensible et traverse de longues périodes de tristesse. À 15 ans, elle franchit de multiples obstacles pour entrer au Carmel où elle désire prouver son amour à Jésus. Au Carmel, elle reçoit le nom de Thérèse de l'Enfant Jésus, et elle choisit de faire une confiance totale au Seigneur, et de devenir de plus en plus petite pour s'abandonner à lui. En 1896, elle découvre le sens profond de sa vocation : « Dans le cœur de l'Église, ma Mère, je serai l'amour » et elle s'offre chaque jour davantage pour soutenir l'effort des missionnaires. Elle avance ainsi, à travers les toutes petites choses, sur ce qu'elle appelle sa « petite voie », voie de confiance et d'amour. Atteinte par la tuberculose, elle meurt à 24 ans, en nous promettant qu'elle passera son ciel à faire du bien sur la terre…

Avec sainte Thérèse, et grâce à son *Histoire d'une âme*, beaucoup de personnes ont pu découvrir qu'être saint, c'est aimer, c'est tout faire par amour.

Fête : *le 1er octobre*
Signe : *des roses*

Louis et Zélie Martin, artisans à Alençon, imprègnent leur vie quotidienne d'une grande foi en Jésus.

Thérèse est la dernière de leurs cinq filles. Ensemble ils vont à la messe et prient aussi à la maison.

Thérèse est entourée d'amour et de joie. Son enfance est heureuse.

À la mort de sa maman, Thérèse est très choquée, elle devient hypersensible.

Elle avait choisi comme seconde maman sa grande sœur Pauline, mais celle-ci entre au monastère du Carmel cinq ans plus tard...

Le 13 mai 1883, quel réconfort : la statue de la Vierge Marie lui fait un beau sourire !

En ce Noël 1887, Thérèse reçoit un étonnant cadeau : elle est guérie de ses excès d'humeur et de tristesse.

Thérèse est encore trop jeune pour rentrer au Carmel, elle va à Rome pour demander l'autorisation au Pape.

Comme ses sœurs Pauline et Marie, elle a la joie de devenir, elle aussi, carmélite : elle devient sœur Thérèse de l'Enfant Jésus et de la Sainte Face.

Thérèse prend l'« ascenseur des bras de Jésus » pour s'élever dans l'amour. Elle écrit son expérience spirituelle dans l'« Histoire d'une âme ». Mais épuisée par la tuberculose, elle meurt à 24 ans.

Abréviations
des livres bibliques

Ab	Abdias
Ac	Actes des Apôtres
Ag	Aggée
Am	Amos
Ap	Apocalypse
Ba	Baruch
1 Ch	1er Livre des Chroniques
2 Ch	2e Livre des Chroniques
1 Co	1re Lettre aux Corinthiens
2 Co	2e Lettre aux Corinthiens
Col	Lettre aux Colossiens
Ct	Cantique des Cantiques
Dn	Daniel
Dt	Deutéronome
Ep	Lettre aux Éphésiens
Esd	Livre d'Esdras
Est	Esther
Ex	Exode
Ez	Ézékiel
Ga	Lettre aux Galates
Gn	Genèse
Ha	Habacuc
He	Lettre aux Hébreux
Is	Isaïe
Jb	Job
Jc	Lettre de saint Jacques
Jdt	Judith
Jg	Livre des Juges
Jl	Joël
Jn	Évangile selon saint Jean
1 Jn	1re Lettre de saint Jean
2 Jn	2e Lettre de saint Jean
3 Jn	3e Lettre de saint Jean
Jon	Jonas
Jos	Livre de Josué
Jr	Jérémie
Jude	Lettre de saint Jude
Lc	Évangile selon saint Luc
Lm	Lamentations
Lv	Lévitique
1 M	1er Livre des Martyrs d'Israël (Maccabées)
2 M	2e Livre des Martyrs d'Israël (Maccabées)
Mc	Évangile selon saint Marc
Mi	Michée
Ml	Malachie
Mt	Évangile selon saint Matthieu
Na	Nahoum
Nb	Nombres
Ne	Livre de Néhémie
Os	Osée
1 P	1re Lettre de saint Pierre
2 P	2e Lettre de saint Pierre
Ph	Lettre aux Philippiens
Phm	Lettre à Philémon
Pr	Proverbes
Ps	Psaumes
Qo	Qohélet = Ecclésiaste.
1 R	1er Livre des Rois
2 R	2e Livre des Rois
Rm	Lettre aux Romains
Rt	Livre de Ruth
1 S	1er Livre de Samuel
2 S	2e Livre de Samuel
Sg	Livre de la Sagesse
Si	Ben Sirac = Ecclésiastique
So	Sophonie
Tb	Tobie
1 Th	1re Lettre aux Thessaloniciens
2 Th	2e Lettre aux Thessaloniciens
1 Tm	1re Lettre à Timothée
2 Tm	2e Lettre à Timothée
Tt	Lettre à Tite
Za	Zacharie

Symboles des livres bibliques :

Ancien Testament

Saint Matthieu

Saint Marc

Saint Luc

Saint Jean

Livret de la Parole

(nouvelle traduction officielle liturgique de la Bible)

La parole de Dieu est la source essentielle à laquelle il te faut venir boire pour que la vie de Dieu grandisse en toi.
Par elle, Dieu se fait connaître, il t'ouvre son cœur et te révèle ses projets.
L'ensemble de l'Écriture se trouve rassemblée dans la Bible. Ici, nous avons rassemblé les textes de la parole de Dieu qui sont lus, médités et priés, au cours des rencontres de catéchèse.

Pour trouver un passage de la Bible :

Lors de sa constitution, la Bible n'était pas numérotée. C'est seulement au XIIIe siècle qu'un évêque anglais découpe chaque **livre** en **chapitres** et, trois siècles plus tard, un imprimeur français repère, dans chaque chapitre, une ou deux phrases du texte, par un numéro ; ce sont les **versets**.

Le nom du livre, suivi du numéro du chapitre et du numéro du verset permet de trouver un passage dans la Bible ; on donne ainsi la « référence » du texte recherché.
Le nom du livre est donné par une abréviation.

Par exemple, les passages de la Bible qui nous parlent du tombeau de Jésus, vide après sa résurrection, peuvent se trouver avec les références suivantes :

Nom du livre	Numéro du chapitre	Numéros des versets	Références
Évangile selon saint Matthieu **noté Mt**	chapitre 28 **28,**	versets 1 à 8 **1-8**	**Mt 28, 1-8**
Évangile selon saint Marc **noté Mc**	chapitre 16 **16,**	versets 1 à 8 **1-8**	**Mc 16, 1-8**
Évangile selon saint Luc **noté Lc**	chapitre 24 **24,**	versets 1 à 11 **1-11**	**Lc 24, 1-11**
Évangile selon saint Jean **noté Jn**	chapitre 20 **20,**	versets 1 à 10 **1-10**	**Jn 20, 1-10**

Livret des passages de la Bible pour le cahier

« Pour toi, qui suis-je ? »

Ils sont classés dans l'ordre de la Bible.

Genèse

Le poème de la création

[p. 6-7 Dieu vit que cela était bon !]

1 [1] AU COMMENCEMENT, Dieu créa le ciel et la terre.
[…]
[3] **Dieu dit** : « Que la lumière soit. » Et la lumière
fut.
[4] *Dieu vit que la lumière était bonne* […] [5] Dieu appela
la lumière « jour », il appela les ténèbres « nuit ». *Il y
eut un soir, il y eut un matin :* PREMIER JOUR.

[6] Et **Dieu dit** : « Qu'il y ait un firmament au milieu
des eaux, et qu'il sépare les eaux. » [7] Dieu fit le
firmament […] Et ce fut ainsi. [8] Dieu appela le
firmament « ciel ». *Il y eut un soir, il y eut un matin :*
DEUXIÈME JOUR.

[9] Et **Dieu dit** : « Les eaux qui sont au-dessous du
ciel, qu'elles se rassemblent en un seul lieu, et que
paraisse la terre ferme. » Et ce fut ainsi.
[10] Dieu appela la terre ferme « terre », et il appela la
masse des eaux « mer ». *Et Dieu vit que cela était bon.*
[11] **Dieu dit** : « Que la terre produise l'herbe, la plante
qui porte sa semence, et que, sur la terre, l'arbre à fruit
donne, selon son espèce, le fruit qui porte sa semence. »
Et ce fut ainsi. […] *Et Dieu vit que cela était bon.* [13] *Il y
eut un soir, il y eut un matin :* TROISIÈME JOUR.

[14] Et **Dieu dit** : « Qu'il y ait des luminaires au
firmament du ciel, pour séparer le jour de la nuit […]
Et ce fut ainsi. [16] Dieu fit les deux grands luminaires :
le plus grand pour commander au jour, le plus petit
pour commander à la nuit ; il fit aussi les étoiles. […]
Et Dieu vit que cela était bon. [19] *Il y eut un soir, il y eut
un matin :* QUATRIÈME JOUR.

[20] Et **Dieu dit** : « Que les eaux foisonnent d'une
profusion d'êtres vivants, et que les oiseaux volent
au-dessus de la terre, sous le firmament du ciel. »
[21] Dieu créa, selon leur espèce, les grands monstres
marins, tous les êtres vivants qui vont et viennent et
foisonnent dans les eaux, et aussi, selon leur espèce,
tous les oiseaux qui volent. *Et Dieu vit que cela était
bon.* [22] **Dieu les bénit** par ces paroles : « Soyez
féconds et multipliez-vous, remplissez les mers, que
les oiseaux se multiplient sur la terre. » [23] *Il y eut un
soir, il y eut un matin :* CINQUIÈME JOUR.

[24] Et **Dieu dit** : « Que la terre produise des êtres
vivants selon leur espèce, bestiaux, bestioles et bêtes
sauvages selon leur espèce. » Et ce fut ainsi. [25] Dieu
fit les bêtes sauvages selon leur espèce, les bestiaux
selon leur espèce, et toutes les bestioles de la terre
selon leur espèce. *Et Dieu vit que cela était bon.*
[26] **Dieu dit** : « Faisons l'homme à notre image, selon
notre ressemblance. Qu'il soit le maître des poissons
de la mer, des oiseaux du ciel, des bestiaux, de toutes
les bêtes sauvages, et de toutes les bestioles qui vont
et viennent sur la terre. » [27] Dieu créa l'homme à son
image, à l'image de Dieu il le créa, il les créa homme
et femme.
[28] **Dieu les bénit et leur dit** : « Soyez féconds et
multipliez-vous, remplissez la terre et soumettez-la.
Soyez les maîtres des poissons de la mer, des oiseaux
du ciel, et de tous les animaux qui vont et viennent
sur la terre. »
[29] **Dieu dit encore** : « Je vous donne toute plante qui
porte sa semence sur toute la surface de la terre, et
tout arbre dont le fruit porte sa semence : telle sera
votre nourriture. [30] À tous les animaux de la terre,
à tous les oiseaux du ciel, à tout ce qui va et vient
sur la terre et qui a souffle de vie, je donne comme
nourriture toute herbe verte. » Et ce fut ainsi.
[31] *Et Dieu vit tout ce qu'il avait fait ; et voici : cela était
très bon. Il y eut un soir, il y eut un matin :* SIXIÈME
JOUR.

2 [1] Ainsi furent achevés le ciel et la terre, et tout leur
déploiement. [2] LE SEPTIÈME JOUR, Dieu avait achevé
l'œuvre qu'il avait faite. Il se reposa, LE SEPTIÈME JOUR,
de toute l'œuvre qu'il avait faite. [3] Et **Dieu bénit** LE
SEPTIÈME JOUR : il le sanctifia puisque, ce jour-là, il se
reposa de toute l'œuvre de création qu'il avait faite.

Exode

La naissance de Moïse

[p. 12-13 Dieu entend et répond]

1 [22] Pharaon donna cet ordre à tout son peuple :
« Tous les fils qui naîtront aux Hébreux, jetez-les
dans le Nil. Ne laissez vivre que les filles »

2 [1] Un homme de la tribu de Lévi avait épousé une
femme de la même tribu. [2] Elle devint enceinte, et elle
enfanta un fils. Voyant qu'il était beau, elle le cacha
durant trois mois. [3] Lorsqu'il lui fut impossible de le
tenir caché plus longtemps, elle prit une corbeille de
jonc, qu'elle enduisit de bitume et de goudron. Elle
y plaça l'enfant, et déposa la corbeille au bord du
Nil, au milieu des roseaux. [4] La sœur de l'enfant se
tenait à distance pour voir ce qui allait arriver. [5] La
fille de Pharaon descendit au fleuve pour s'y baigner,
tandis que ses suivantes se promenaient sur la rive.
Elle aperçut la corbeille parmi les roseaux et envoya

sa servante pour la prendre. 6 Elle l'ouvrit et elle vit
l'enfant. C'était un petit garçon, il pleurait. Elle en
eut pitié et dit : « C'est un enfant des Hébreux. »
7 La sœur de l'enfant dit alors à la fille de Pharaon :
« Veux-tu que j'aille te chercher, parmi les femmes
des Hébreux, une nourrice qui, pour toi, nourrira
l'enfant ? » 8 La fille de Pharaon lui répondit : « Va. »
La jeune fille alla donc chercher la mère de l'enfant.
9 La fille de Pharaon dit à celle-ci : « Emmène cet
enfant et nourris-le pour moi. C'est moi qui te
donnerai ton salaire. » Alors la femme emporta
l'enfant et le nourrit.
10 Lorsque l'enfant eut grandi, elle le ramena à la fille
de Pharaon qui le traita comme son propre fils ; elle
lui donna le nom de Moïse, en disant : « Je l'ai tiré
des eaux. »

Révolte de Moïse et fuite au désert

[p. 12-13 Dieu entend et répond]

2 11 Or vint le jour où Moïse, qui avait grandi,
se rendit auprès de ses frères et les vit accablés de
corvées. Il vit un Égyptien qui frappait un Hébreu,
l'un de ses frères. 12 Regardant autour de lui et ne
voyant personne, il frappa à mort l'Égyptien et
l'enfouit dans le sable. 13 Le lendemain, il sortit de
nouveau : voici que deux Hébreux se battaient. Il dit à
l'agresseur : « Pourquoi frappes-tu ton compagnon ? »
14 L'homme lui répliqua : « Qui t'a institué chef et
juge sur nous ? Veux-tu me tuer comme tu as tué
l'Égyptien ? » Moïse eut peur et se dit : « Pas de doute,
la chose est connue. » 15 Pharaon en fut informé et
chercha à faire tuer Moïse. Celui-ci s'enfuit loin de
Pharaon et habita au pays de Madiane.

Le buisson ardent

[p. 12-13 Dieu entend et répond]

3 1 Moïse était berger du troupeau de son beau-père
Jéthro, prêtre de Madiane. Il mena le troupeau au-delà
du désert et parvint à la montagne de Dieu, à l'Horeb.
2 L'ange du Seigneur lui apparut dans la flamme d'un
buisson en feu. Moïse regarda : le buisson brûlait sans
se consumer. 3 Moïse se dit alors : « Je vais faire un
détour pour voir cette chose extraordinaire : pourquoi
le buisson ne se consume-t-il pas ? »
4 Le Seigneur vit qu'il avait fait un détour pour
voir, et Dieu l'appela du milieu du buisson :
« Moïse ! Moïse ! » Il dit : « Me voici ! » 5 Dieu dit
alors : « N'approche pas d'ici ! Retire les sandales
de tes pieds, car le lieu où tu te tiens est une terre
sainte ! » 6 Et il déclara : « Je suis le Dieu de ton
père, le Dieu d'Abraham, le Dieu d'Isaac, le Dieu
de Jacob. » Moïse se voila le visage car il craignait
de porter son regard sur Dieu. 7 Le Seigneur dit :
« J'ai vu, oui, j'ai vu la misère de mon peuple qui est
en Égypte, et j'ai entendu ses cris sous les coups des
surveillants. Oui, je connais ses souffrances. 8 Je suis
descendu pour le délivrer de la main des Égyptiens
et le faire monter de ce pays vers un beau et vaste
pays, vers un pays, ruisselant de lait et de miel, vers
le lieu où vivent le Cananéen, le Hittite, l'Amorite,
le Perizzite, le Hivvite et le Jébuséen. 9 Maintenant,
le cri des fils d'Israël est parvenu jusqu'à moi, et j'ai
vu l'oppression que leur font subir les Égyptiens.
10 Maintenant donc, va ! Je t'envoie chez Pharaon :
tu feras sortir d'Égypte mon peuple, les fils d'Israël. »
11 Moïse dit à Dieu : « Qui suis-je pour aller trouver
Pharaon, et pour faire sortir d'Égypte les fils
d'Israël ? » [...]

4 10 Moïse dit encore au Seigneur : « Pardon, mon
Seigneur, mais moi, je n'ai jamais été doué pour la
parole, ni d'hier ni d'avant-hier, ni même depuis que
tu parles à ton serviteur ; j'ai la bouche lourde et la
langue pesante, moi ! »
11 Le Seigneur lui dit : « Qui donc a donné une
bouche à l'homme ? Qui rend muet ou sourd, voyant
ou aveugle ? N'est-ce pas moi, le Seigneur ? 12 Et
maintenant, va. Je suis avec ta bouche et je te ferai
savoir ce que tu devras dire. » 13 Moïse répliqua : « Je
t'en prie, mon Seigneur, envoie n'importe quel autre
émissaire. » 14 Alors la colère du Seigneur s'enflamma
contre Moïse, et il dit : « Et ton frère Aaron, le
lévite ? Je sais qu'il a la parole facile, lui ! Le voici
justement qui sort à ta rencontre, et quand il te verra,
son cœur se réjouira. 15 Tu lui parleras et tu mettras
mes paroles dans sa bouche. Et moi, je suis avec ta
bouche et avec sa bouche, et je vous ferai savoir ce
que vous aurez à faire.

Le repas de la Pâque

[p. 14-15 Dieu marche avec son peuple]

12 1 Dans le pays d'Égypte, le Seigneur dit à Moïse et à
son frère Aaron : 2 « Ce mois-ci sera pour vous le premier
des mois, il marquera pour vous le commencement de
l'année. 3 Parlez ainsi à toute la communauté d'Israël :
le dix de ce mois, que l'on prenne un agneau par
famille, un agneau par maison. [...]
5 Ce sera une bête sans défaut, un mâle, de l'année.
Vous prendrez un agneau ou un chevreau. 6 Vous le
garderez jusqu'au quatorzième jour du mois. Dans
toute l'assemblée de la communauté d'Israël, on
l'immolera au coucher du soleil.
7 On prendra du sang, que l'on mettra sur les deux
montants et sur le linteau des maisons où on le
mangera. 8 On mangera sa chair cette nuit-là, on
la mangera rôtie au feu, avec des pains sans levain
et des herbes amères. [...] 11 Vous mangerez ainsi :

la ceinture aux reins, les sandales aux pieds, le bâton à la main. Vous mangerez en toute hâte : c'est la Pâque du Seigneur.

La sortie d'Égypte

[p. 14-15 Dieu marche avec son peuple]

14 5 On annonça au roi d'Égypte, que le peuple d'Israël s'était enfui. Alors Pharaon et ses serviteurs changèrent de sentiment envers ce peuple. Ils dirent : « Qu'avons-nous fait en laissant partir Israël : il ne sera plus à notre service ! » 6 Pharaon fit atteler son char et rassembler ses troupes ; 7 il prit six cents chars d'élite et tous les chars de l'Égypte, chacun avec son équipage. 8 Le Seigneur fit en sorte que s'obstine Pharaon, roi d'Égypte, qui se lança à la poursuite des fils d'Israël, tandis que ceux-ci avançaient librement. 9 Les Égyptiens, tous les chevaux, les chars de Pharaon, ses guerriers et son armée, les poursuivirent et les rejoignirent alors qu'ils campaient au bord de la mer…

10 Comme Pharaon approchait, les fils d'Israël regardèrent et, voyant les Égyptiens lancés à leur poursuite, ils eurent très peur, et ils crièrent vers le Seigneur. 11 Ils dirent à Moïse : « L'Égypte manquait-elle de tombeaux, pour que tu nous aies emmenés mourir dans le désert ? Quel mauvais service tu nous as rendu en nous faisant sortir d'Égypte ! […] 13 Moïse répondit au peuple : « N'ayez pas peur ! Tenez bon ! Vous allez voir aujourd'hui ce que le Seigneur va faire pour vous sauver ! Car, ces Égyptiens que vous voyez aujourd'hui, vous ne les verrez plus jamais. 14 Le Seigneur combattra pour vous, et vous, vous n'aurez rien à faire. »

15 Le Seigneur dit à Moïse : « Pourquoi crier vers moi ? Ordonne aux fils d'Israël de se mettre en route ! 16 Toi, lève ton bâton, étends le bras sur la mer, fends-la en deux, et que les fils d'Israël entrent au milieu de la mer à pied sec. […]

21 Moïse étendit le bras sur la mer. Le Seigneur chassa la mer toute la nuit par un fort vent d'est ; il mit la mer à sec, et les eaux se fendirent. 22 Les fils d'Israël entrèrent au milieu de la mer à pied sec, les eaux formant une muraille à leur droite et à leur gauche. 23 Les Égyptiens les poursuivirent ; tous les chevaux de Pharaon, ses chars et ses guerriers entrèrent derrière eux jusqu'au milieu de la mer. […]

26 Le Seigneur dit à Moïse : « Étends le bras sur la mer : que les eaux reviennent sur les Égyptiens, leurs chars et leurs guerriers ! » 27 Moïse étendit le bras sur la mer. Au point du jour, la mer reprit sa place ; dans leur fuite, les Égyptiens s'y heurtèrent, et le Seigneur les précipita au milieu de la mer. 28 Les eaux refluèrent et recouvrirent les chars et les guerriers, toute l'armée de Pharaon qui était entrée dans la mer à la poursuite d'Israël. Il n'en resta pas un seul. […] 30 Ce jour-là, le Seigneur sauva Israël de la main de l'Égypte, et Israël vit les Égyptiens morts sur le bord de la mer. 31 […] Le peuple craignit le Seigneur, il mit sa foi dans le Seigneur et dans son serviteur Moïse.

15 1 Alors Moïse et les fils d'Israël chantèrent ce cantique au Seigneur :
« Je chanterai pour le Seigneur ! Éclatante est sa gloire :
il a jeté dans la mer cheval et cavalier !
2 Ma force et mon chant, c'est le Seigneur :
il est pour moi le salut.
Il est mon Dieu, je le célèbre ;
j'exalte le Dieu de mon père.

La manne et les cailles

[p. 14-15 Dieu marche avec son peuple]

16 1 Toute la communauté des fils d'Israël partit d'Élim et atteignit le désert de Sine, entre Élim et le Sinaï, le quinzième jour du deuxième mois après sa sortie du pays d'Égypte. 2 Dans le désert, toute la communauté des fils d'Israël récriminait contre Moïse et Aaron. 3 Les fils d'Israël leur dirent : « Ah ! Il aurait mieux valu mourir de la main du Seigneur, au pays d'Égypte, quand nous étions assis près des marmites de viande, quand nous mangions du pain à satiété ! Vous nous avez fait sortir dans ce désert pour faire mourir de faim tout ce peuple assemblé ! » […] 11 Le Seigneur dit alors à Moïse : 12 « J'ai entendu les récriminations des fils d'Israël. Tu leur diras : "Au coucher du soleil, vous mangerez de la viande et, le lendemain matin, vous aurez du pain à satiété. Alors vous saurez que moi, le Seigneur, je suis votre Dieu." »

13 Le soir même, surgit un vol de cailles qui recouvrirent le camp ; et, le lendemain matin, il y avait une couche de rosée autour du camp. 14 Lorsque la couche de rosée s'évapora, il y avait, à la surface du désert, une fine croûte, quelque chose de fin comme du givre, sur le sol. 15 Quand ils virent cela, les fils d'Israël se dirent l'un à l'autre : « Mann hou ? » (ce qui veut dire : Qu'est-ce que c'est ?), car ils ne savaient pas ce que c'était. Moïse leur dit : « C'est le pain que le Seigneur vous donne à manger.

Dieu et Moïse parlent ensemble sur la montagne

[p. 16-17 Dieu donne aux hommes une Loi]

19 1 Le troisième mois qui suivit la sortie d'Égypte, jour pour jour, les fils d'Israël arrivèrent dans le désert du Sinaï. 2 […] Ils y établirent leur camp juste en face de la montagne. 3 Moïse monta vers Dieu. Le Seigneur l'appela du haut de la montagne : « Tu diras à la maison de Jacob, et tu annonceras aux fils d'Israël :

4 “Vous avez vu ce que j’ai fait à l’Égypte, comment je vous ai portés comme sur les ailes d’un aigle et vous ai amenés jusqu’à moi. 5 Maintenant donc, si vous écoutez ma voix et gardez mon alliance, vous serez mon domaine particulier parmi tous les peuples, car toute la terre m’appartient ; 6 mais vous, vous serez pour moi un royaume de prêtres, une nation sainte.” Voilà ce que tu diras aux fils d’Israël. »

20 1 Alors Dieu prononça toutes les paroles que voici : 2 « Je suis le Seigneur ton Dieu, qui t’ai fait sortir du pays d’Égypte, de la maison d’esclavage.
3 Tu n’auras pas d’autres dieux en face de moi.
4 Tu ne feras aucune idole, aucune image […] pour leur rendre un culte. […]
7 Tu n’invoqueras pas en vain le nom du Seigneur ton Dieu […]
8 Souviens-toi du jour du sabbat pour le sanctifier.
10 Le septième jour est le jour du repos, sabbat en l’honneur du Seigneur ton Dieu […]
12 Honore ton père et ta mère […]
13 Tu ne commettras pas de meurtre.
14 Tu ne commettras pas d’adultère.
15 Tu ne commettras pas de vol.
16 Tu ne porteras pas de faux témoignage contre ton prochain.
17 Tu ne convoiteras pas la maison de ton prochain […] rien de ce qui lui appartient. »

Célébration de l’Alliance

[p. 16-17 Dieu donne aux hommes une Loi]

24 3 Moïse vint rapporter au peuple toutes les paroles du Seigneur et toutes ses ordonnances. Tout le peuple répondit d’une seule voix : « Toutes ces paroles que le Seigneur a dites, nous les mettrons en pratique. » 4 Moïse écrivit toutes les paroles du Seigneur. Il se leva de bon matin et il bâtit un autel au pied de la montagne, et il dressa douze pierres pour les douze tribus d’Israël.
5 Puis il chargea quelques jeunes garçons parmi les fils d’Israël d’offrir des holocaustes, et d’immoler au Seigneur des taureaux en sacrifice de paix. 6 Moïse prit la moitié du sang et le mit dans des coupes ; puis il aspergea l’autel avec le reste du sang. 7 Il prit le livre de l’Alliance et en fit la lecture au peuple. Celui-ci répondit : « Tout ce que le Seigneur a dit, nous le mettrons en pratique, nous y obéirons. » 8 Moïse prit le sang, en aspergea le peuple, et dit : « Voici le sang de l’Alliance que, sur la base de toutes ces paroles, le Seigneur a conclue avec vous. » […] 12 Le Seigneur dit à Moïse : « Monte vers moi sur la montagne et reste là ; je vais te donner les tables de pierre, la loi et les commandements que j’ai écrits pour qu’on les enseigne. »

Lévitique

Aimer son prochain

[p. 30-31 Qui est mon prochain ?]

19 17 Tu ne haïras pas ton frère dans ton cœur. […] 18 Tu ne te vengeras pas. Tu ne garderas pas de rancune contre les fils de ton peuple. Tu aimeras ton prochain comme toi-même. Je suis le Seigneur.

Deutéronome

Le décalogue

[p. 16-17 Dieu donne aux hommes une Loi]

5 2 Le Seigneur notre Dieu a conclu une alliance avec nous à l’Horeb. […] Le Seigneur a dit :
6 « Je suis le Seigneur ton Dieu, qui t’ai fait sortir du pays d’Égypte, de la maison d’esclavage.
7 **I.** Tu n’auras pas d’autres dieux que moi. 8 Tu ne feras aucune idole, aucune image de ce qui est là-haut dans les cieux, ou en bas sur la terre, ou dans les eaux par-dessous la terre. 9 Tu ne te prosterneras pas devant ces images pour leur rendre un culte. […]
11 **II.** Tu n’invoqueras pas le nom du Seigneur ton Dieu pour le mal, car le Seigneur ne laissera pas impuni celui qui invoque son nom pour le mal.
12 **III.** Observe le jour du sabbat, en le sanctifiant, selon l’ordre du Seigneur ton Dieu.
13 Pendant six jours tu travailleras et tu feras tout ton ouvrage, 14 mais le septième jour est le jour du repos, sabbat en l’honneur du Seigneur ton Dieu. Tu ne feras aucun ouvrage. […]
16 **IV.** Honore ton père et ta mère, comme te l’a ordonné le Seigneur ton Dieu, afin d’avoir longue vie et bonheur sur la terre que te donne le Seigneur ton Dieu.
17 **V.** Tu ne commettras pas de meurtre.
18 **VI.** Tu ne commettras pas d’adultère.
19 **VII.** Tu ne commettras pas de vol.
20 **VIII.** Tu ne porteras pas de faux témoignage contre ton prochain.
21 **IX.** Tu ne convoiteras pas la femme de ton prochain,
X. tu ne désireras ni sa maison ni son champ, ni son serviteur ni sa servante, ni son bœuf ou son âne : rien de ce qui lui appartient. »

Aimer Dieu

[p. 30-31 Qui est mon prochain ?]

6 4 Écoute, Israël : le Seigneur notre Dieu est l'Unique.
5 Tu aimeras le Seigneur ton Dieu de tout ton cœur,
de toute ton âme et de toute ta force. 6 Ces paroles
que je te donne aujourd'hui resteront dans ton cœur.
7 Tu les rediras à tes fils, tu les répéteras sans cesse, à la
maison ou en voyage, que tu sois couché ou que tu sois
levé ; 8 tu les attacheras à ton poignet comme un signe,
elles seront un bandeau sur ton front, 9 tu les inscriras à
l'entrée de ta maison et aux portes de ta ville.

Psaumes

Psaume 103

[p. 6-7 Dieu vit que cela était bon !]

1 Bénis le Seigneur, ô mon âme ; Seigneur mon Dieu,
tu es si grand !
Revêtu de magnificence, 2 tu as pour manteau la
lumière !
Comme une tenture, tu déploies les cieux, 3 tu élèves
dans leurs eaux tes demeures ;
des nuées, tu te fais un char, tu t'avances sur les ailes
du vent ;
4 tu prends les vents pour messagers, pour serviteurs,
les flammes des éclairs.
5 Tu as donné son assise à la terre : qu'elle reste
inébranlable au cours des temps.
6 Tu l'as vêtue de l'abîme des mers : les eaux
couvraient même les montagnes ;
7 à ta menace, elles prennent la fuite, effrayées par le
tonnerre de ta voix.
8 Elles passent les montagnes, se ruent dans les
vallées vers le lieu que tu leur as préparé.
9 Tu leur imposes la limite à ne pas franchir : qu'elles
ne reviennent jamais couvrir la terre.
10 Dans les ravins tu fais jaillir des sources et l'eau
chemine au creux des montagnes ;
11 elle abreuve les bêtes des champs : l'âne sauvage y
calme sa soif ;
12 les oiseaux séjournent près d'elle : dans le feuillage
on entend leurs cris.
13 De tes demeures tu abreuves les montagnes, et la
terre se rassasie du fruit de tes œuvres ;
14 tu fais pousser les prairies pour les troupeaux, et
les champs pour l'homme qui travaille.
De la terre il tire son pain : 15 le vin qui réjouit le
cœur de l'homme,
l'huile qui adoucit son visage, et le pain qui fortifie le
cœur de l'homme.
16 Les arbres du Seigneur se rassasient, les cèdres
qu'il a plantés au Liban ;
17 c'est là que vient nicher le passereau, et la cigogne
a sa maison dans les cyprès ;
18 aux chamois, les hautes montagnes, aux marmottes,
l'abri des rochers.
19 Tu fis la lune qui marque les temps et le soleil qui
connaît l'heure de son coucher.
20 Tu fais descendre les ténèbres, la nuit vient : les
animaux dans la forêt s'éveillent ;
21 le lionceau rugit vers sa proie, il réclame à Dieu sa
nourriture.
22 Quand paraît le soleil, ils se retirent : chacun gagne
son repaire.
23 L'homme sort pour son ouvrage, pour son travail,
jusqu'au soir.
24 Quelle profusion dans tes œuvres, Seigneur !
Tout cela, ta sagesse l'a fait ; la terre s'emplit de tes
biens.
25 Voici l'immensité de la mer, son grouillement
innombrable d'animaux grands et petits,
26 ses bateaux qui voyagent, et Léviathan que tu fis
pour qu'il serve à tes jeux.
27 Tous, ils comptent sur toi pour recevoir leur
nourriture au temps voulu.
28 Tu donnes : eux, ils ramassent ; tu ouvres la main :
ils sont comblés.
29 Tu caches ton visage : ils s'épouvantent ; tu
reprends leur souffle,
ils expirent et retournent à leur poussière.
30 Tu envoies ton souffle : ils sont créés ; tu renouvelles
la face de la terre.
31 Gloire au Seigneur à tout jamais ! Que Dieu se
réjouisse en ses œuvres !
32 Il regarde la terre : elle tremble ; il touche les
montagnes : elles brûlent.
33 Je veux chanter au Seigneur tant que je vis ; je veux
jouer pour mon Dieu tant que je dure.
34 Que mon poème lui soit agréable ; moi, je me
réjouis dans le Seigneur.
35 Que les pécheurs disparaissent de la terre ! Que les
impies n'existent plus !
Bénis le Seigneur, ô mon âme !

Psaume 148

[p. 6-7 Dieu vit que cela était bon !]

1 Alléluia ! Louez le Seigneur du haut des cieux,
louez-le dans les hauteurs.
2 Vous, tous ses anges, louez-le, louez-le, tous les
univers.
3 Louez-le, soleil et lune, louez-le, tous les astres de
lumière ;
4 vous, cieux des cieux, louez-le, et les eaux des
hauteurs des cieux.
5 R/ Qu'ils louent le nom du Seigneur : sur son ordre
ils furent créés ;

6 c'est lui qui les posa pour toujours sous une loi qui ne passera pas.
7 Louez le Seigneur depuis la terre, monstres marins, tous les abîmes ;
8 feu et grêle, neige et brouillard, vent d'ouragan qui accomplis sa parole ;
9 Les montagnes et toutes les collines, les arbres des vergers, tous les cèdres ;
10 les bêtes sauvages et tous les troupeaux, le reptile et l'oiseau qui vole ;
11 les rois de la terre et tous les peuples, les princes et tous les juges de la terre ;
12 tous les jeunes gens et jeunes filles, les vieillards comme les enfants.
13 R/Qu'ils louent le nom du Seigneur, le seul au-dessus de tout nom ;
sur le ciel et sur la terre, sa splendeur : 14 il accroît la vigueur de son peuple.
Louange de tous ses fidèles, des fils d'Israël, le peuple de ses proches ! Alléluia !

Isaïe

Un enfant va naître…

[p. 20-21 L'Avent avec le prophète Isaïe]

7 13 Isaïe dit alors au roi Acaz : « Écoutez, maison de David ! Il ne vous suffit donc pas de fatiguer les hommes : il faut encore que vous fatiguiez mon Dieu ! 14 C'est pourquoi le Seigneur lui-même vous donnera un signe : Voici que la vierge est enceinte, elle enfantera un fils, qu'elle appellera Emmanuel (c'est-à-dire : Dieu-avec-nous). 15 De crème et de miel il se nourrira, jusqu'à ce qu'il sache rejeter le mal et choisir le bien.

… il apportera la paix

[p. 20-21 L'Avent avec le prophète Isaïe]

Parole du Seigneur Dieu :
11 1 Un rameau sortira de la souche de Jessé, père de David, un rejeton jaillira de ses racines. 2 Sur lui reposera l'esprit du Seigneur : esprit de sagesse et de discernement, esprit de conseil et de force, esprit de connaissance et de crainte du Seigneur 3 – qui lui inspirera la crainte du Seigneur. Il ne jugera pas sur l'apparence ; il ne se prononcera pas sur des rumeurs. […] 6 Le loup habitera avec l'agneau, le léopard se couchera près du chevreau, le veau et le lionceau seront nourris ensemble, un petit garçon les conduira. 7 La vache et l'ourse auront même pâture, leurs petits auront même gîte. Le lion, comme le bœuf, mangera du fourrage. 8 Le nourrisson s'amusera sur le nid du cobra ; sur le trou de la vipère, l'enfant étendra la main. 9 Il n'y aura plus de mal ni de corruption sur toute ma montagne sainte ; car la connaissance du Seigneur remplira le pays comme les eaux recouvrent le fond de la mer.

Jésus, prince de la paix

[p. 24-25 Noël]

9 1 Le peuple qui marchait dans les ténèbres a vu se lever une grande lumière ; et sur les habitants du pays de l'ombre, une lumière a resplendi. […] 5 Oui, un enfant nous est né, un fils nous a été donné ! Sur son épaule est le signe du pouvoir ; son nom est proclamé : « Conseiller-merveilleux, Dieu-Fort, Père-à-jamais, Prince-de-la-Paix ». 6 Et le pouvoir s'étendra, et la paix sera sans fin pour le trône de David et pour son règne qu'il établira, qu'il affermira sur le droit et la justice dès maintenant et pour toujours. Il fera cela, l'amour jaloux du Seigneur de l'univers !

La prière du prophète Isaïe

[p. 28-29 Le baptême de Jésus]

63 16 C'est toi, Seigneur, notre père ; « Notre-rédempteur-depuis-toujours », tel est ton nom. 17 Pourquoi, Seigneur, nous laisses-tu errer hors de tes chemins ? […] 19 Ah ! Si tu déchirais les cieux, si tu descendais ! […]

64 2 Voici que tu es descendu. 3 Jamais on n'a entendu, jamais on n'a ouï dire, nul œil n'a jamais vu un autre dieu que toi agir ainsi pour celui qui l'attend. 4 Tu viens rencontrer celui qui pratique avec joie la justice, qui se souvient de toi en suivant tes chemins.

Pour faciliter la lecture de la rencontre [Les prophètes : des voix qui réveillent, p. 18-19], les livres d'Osée et Amos ont été placés avant celui de Jérémie, contrairement à l'ordre de la Bible.

Osée

Il veut réveiller la foi du peuple

[p. 18-19 Les prophètes : des voix qui réveillent]

11 1 Oui, j'ai aimé Israël dès son enfance, et, pour le faire sortir d'Égypte, j'ai appelé mon fils. 3 C'est moi qui lui apprenais à marcher, en le soutenant de mes bras, et il n'a pas compris que je venais à son secours. 4 Je le guidais avec humanité, par des liens d'amour ; je le traitais comme un nourrisson qu'on soulève tout contre sa joue ; je me penchais vers lui pour le faire

manger. Mais ils ont refusé de revenir à moi : vais-je les livrer au châtiment ? […]
8 Non ! Mon cœur se retourne contre moi ; en même temps, mes entrailles frémissent. 9 Je n'agirai pas selon l'ardeur de ma colère […] car moi, je suis Dieu, et non pas homme : au milieu de vous je suis le Dieu saint […]

Amos

Il avertit le peuple qu'il fait fausse route

[p. 18-19 Les prophètes : des voix qui réveillent]

5 14 Cherchez le bien et non le mal, afin de vivre. Ainsi le Seigneur, Dieu de l'univers, sera avec vous, comme vous le déclarez. […] 22 Quand vous me présentez des holocaustes et des offrandes, je ne les accueille pas ; vos sacrifices de bêtes grasses, je ne les regarde même pas. 23 Éloignez de moi le tapage de vos cantiques ; que je n'entende pas la musique de vos harpes. 24 Mais que le droit jaillisse comme une source ; la justice, comme un torrent qui ne tarit jamais !

8 4 Écoutez ceci, vous qui écrasez le malheureux pour anéantir les humbles du pays, 5 car vous dites : « […] Quand donc le sabbat sera-t-il fini, pour que nous puissions écouler notre froment ? Nous allons diminuer les mesures, augmenter les prix et fausser les balances. 6 Nous pourrons acheter le faible pour un peu d'argent, le malheureux pour une paire de sandales. Nous vendrons jusqu'aux déchets du froment ! » 7 Le Seigneur le jure par la Fierté de Jacob : Non, jamais je n'oublierai aucun de leurs méfaits.

Jérémie

Il annonce ce qui risque d'arriver

[p. 18-19 Les prophètes : des voix qui réveillent]

7 1 Parole du Seigneur adressée à Jérémie :
2 Tiens-toi à la porte de la maison du Seigneur, et là, tu proclameras cette parole, tu diras : Écoutez la parole du Seigneur, vous tous de Juda, vous qui entrez par ces portes pour vous prosterner devant le Seigneur.
3 Ainsi parle le Seigneur de l'univers, le Dieu d'Israël : Rendez meilleurs vos chemins et vos actes : je vous ferai demeurer dans ce lieu. […] 5 Si vraiment vous rendez meilleurs vos chemins et vos actes, si vraiment vous maintenez le droit entre un homme et son prochain, 6 si vous n'opprimez pas l'immigré, l'orphelin ou la veuve, si vous ne versez pas, dans ce lieu, le sang de l'innocent, si vous ne suivez pas, pour votre malheur, d'autres dieux, 7 alors, je vous ferai demeurer dans ce lieu, dans le pays que j'ai donné à vos pères, depuis toujours et pour toujours. […]
26 Mais ils ne m'ont pas écouté, ils n'ont pas prêté l'oreille, ils ont raidi leur nuque, ils ont été pires que leurs pères.

19 15 Ainsi parle le Seigneur de l'univers, le Dieu d'Israël : Voici que je fais venir sur cette ville et toutes celles qui en dépendent, tout le malheur que j'ai proféré contre elles, car ils ont raidi leur nuque pour ne pas écouter mes paroles.

Il encourage le peuple à se convertir

[p. 18-19 Les prophètes : des voix qui réveillent]

31 31 Voici venir des jours – oracle du Seigneur –, où je conclurai avec la maison d'Israël et avec la maison de Juda une alliance nouvelle. 32 Ce ne sera pas comme l'Alliance que j'ai conclue avec leurs pères, le jour où je les ai pris par la main pour les faire sortir du pays d'Égypte : mon alliance, c'est eux qui l'ont rompue […] 33 Mais voici quelle sera l'Alliance que je conclurai avec la maison d'Israël quand ces jours-là seront passés – oracle du Seigneur. Je mettrai ma Loi au plus profond d'eux-mêmes ; je l'inscrirai sur leur cœur. Je serai leur Dieu, et ils seront mon peuple. […] 34 Je pardonnerai leurs fautes, je ne me rappellerai plus leurs péchés.

Ézékiel

Il console les exilés

[p. 18-19 Les prophètes : des voix qui réveillent]

36 25 Je répandrai sur vous une eau pure, et vous serez purifiés ; de toutes vos souillures, de toutes vos idoles, je vous purifierai. 26 Je vous donnerai un cœur nouveau, je mettrai en vous un esprit nouveau. J'ôterai de votre chair le cœur de pierre, je vous donnerai un cœur de chair. 27 Je mettrai en vous mon esprit, je ferai que vous marchiez selon mes lois, que vous gardiez mes préceptes et leur soyez fidèles. 28 Vous habiterez le pays que j'ai donné à vos pères : vous, vous serez mon peuple, et moi, je serai votre Dieu.

Évangile selon saint Matthieu

Le baptême de Jésus par Jean Baptiste

[p. 28-29 Le baptême de Jésus]

3 13 Alors paraît Jésus. Il était venu de Galilée
jusqu'au Jourdain auprès de Jean, pour être baptisé
par lui. 14 Jean voulait l'en empêcher et disait : « C'est
moi qui ai besoin d'être baptisé par toi, et c'est toi
qui viens à moi ! » 15 Mais Jésus lui répondit : « Laisse
faire pour le moment, car il convient que nous
accomplissions ainsi toute justice. » Alors Jean le
laisse faire. 16 Dès que Jésus fut baptisé, il remonta de
l'eau, et voici que les cieux s'ouvrirent : il vit l'Esprit
de Dieu descendre comme une colombe et venir sur
lui. 17 Et des cieux, une voix disait : « Celui-ci est
mon Fils bien-aimé, en qui je trouve ma joie. »

Les tentations de Jésus au désert

[p. 36-37 Les tentations de Jésus au désert]

4 1 Alors Jésus fut conduit au désert par l'Esprit
pour être tenté par le diable. 2 Après avoir jeûné
quarante jours et quarante nuits, il eut faim. 3 Le
tentateur s'approcha et lui dit : « Si tu es Fils de Dieu,
ordonne que ces pierres deviennent des pains. »
4 Mais Jésus répondit : « Il est écrit : L'homme ne vit
pas seulement de pain, mais de toute parole qui sort
de la bouche de Dieu. »
5 Alors le diable l'emmène à la Ville sainte, le place
au sommet du Temple 6 et lui dit : « Si tu es Fils de
Dieu, jette-toi en bas ; car il est écrit : Il donnera
pour toi des ordres à ses anges, et : Ils te porteront
sur leurs mains, de peur que ton pied ne heurte une
pierre. » 7 Jésus lui déclara : « Il est encore écrit : Tu
ne mettras pas à l'épreuve le Seigneur ton Dieu. »
8 Le diable l'emmène encore sur une très haute
montagne et lui montre tous les royaumes du monde
et leur gloire. 9 Il lui dit : « Tout cela, je te le donnerai,
si, tombant à mes pieds, tu te prosternes devant
moi. » 10 Alors, Jésus lui dit : « Arrière, Satan ! car il
est écrit : C'est le Seigneur ton Dieu que tu adoreras,
à lui seul tu rendras un culte. »
11 Alors le diable le quitte. Et voici que des anges
s'approchèrent, et ils le servaient.

Le centurion de Capharnaüm : la foi d'un païen

[p. 60-61 Je donne ma confiance à Dieu]

8 5 Comme Jésus était entré à Capharnaüm, un
centurion s'approcha de lui et le supplia : 6 « Seigneur,
mon serviteur est couché, à la maison, paralysé, et il
souffre terriblement. » 7 Jésus lui dit : « Je vais aller moi-
même le guérir. » 8 Le centurion reprit : « Seigneur, je
ne suis pas digne que tu entres sous mon toit, mais
dis seulement une parole et mon serviteur sera guéri.
9 Moi-même qui suis soumis à une autorité, j'ai des
soldats sous mes ordres ; à l'un, je dis : "Va", et il va ; à
un autre : "Viens", et il vient, et à mon esclave : "Fais
ceci", et il le fait. »
10 À ces mots, Jésus fut dans l'admiration et dit à
ceux qui le suivaient : « Amen, je vous le déclare,
chez personne en Israël, je n'ai trouvé une telle foi.
[…] 13 Et Jésus dit au centurion : « Rentre chez toi,
que tout se passe pour toi selon ta foi. » Et, à l'heure
même, le serviteur fut guéri.

La femme qui touche les vêtements de Jésus

[p. 60-61 Je donne ma confiance à Dieu]

9 20 Et voici qu'une femme souffrant d'hémorragies
depuis douze ans s'approcha par-derrière et toucha
la frange de son vêtement. 21 Car elle se disait en
elle-même : « Si je parviens seulement à toucher son
vêtement, je serai sauvée. » 22 Jésus se retourna et,
la voyant, lui dit : « Confiance, ma fille ! Ta foi t'a
sauvée. » Et, à l'heure même, la femme fut sauvée.

La Cène

[p.46-47 Le jeudi saint]

26 14 […] Alors, l'un des Douze, nommé Judas
Iscariote, se rendit chez les grands prêtres 15 et leur
dit : « Que voulez-vous me donner, si je vous le livre ? »
Ils lui remirent trente pièces d'argent. 16 Et depuis,
Judas cherchait une occasion favorable pour le livrer.
[…]
20 Le soir venu, Jésus se trouvait à table avec les Douze.
21 Pendant le repas, il déclara : « Amen, je vous le dis :
l'un de vous va me livrer. » 22 Profondément attristés,
ils se mirent à lui demander, chacun son tour :
« Serait-ce moi, Seigneur ? » 23 Prenant la parole, il
dit : « Celui qui s'est servi au plat en même temps que
moi, celui-là va me livrer. […] 25 Judas, celui qui le
livrait, prit la parole : « Rabbi, serait-ce moi ? » Jésus
lui répond : « C'est toi-même qui l'as dit ! »
26 Pendant le repas, Jésus, ayant pris du pain et
prononcé la bénédiction, le rompit et, le donnant
aux disciples, il dit : « Prenez, mangez : ceci est mon
corps. » 27 Puis, ayant pris une coupe et ayant rendu
grâce, il la leur donna, en disant : « Buvez-en tous,
28 car ceci est mon sang, le sang de l'Alliance, versé
pour la multitude en rémission des péchés. »

Pierre promet...
[p. 48-49 Le vendredi saint]

26 30 Après avoir chanté les psaumes, ils partirent
pour le mont des Oliviers. 31 Alors Jésus leur dit :
« Cette nuit, je serai pour vous tous une occasion de
chute ; car il est écrit : Je frapperai le berger, et les
brebis du troupeau seront dispersées. 32 Mais, une fois
ressuscité, je vous précéderai en Galilée. » 33 Prenant
la parole, Pierre lui dit : « Si tous viennent à tomber
à cause de toi, moi, je ne tomberai jamais. » 34 Jésus
lui répondit : « Amen, je te le dis : cette nuit même,
avant que le coq chante, tu m'auras renié trois fois. »
35 Pierre lui dit : « Même si je dois mourir avec toi, je ne
te renierai pas. » Et tous les disciples dirent de même.

... le désespoir de Judas
[p. 48-49 Le vendredi saint]

27 3 Alors, en voyant que Jésus était condamné,
Judas, qui l'avait livré, fut pris de remords ; il rendit
les trente pièces d'argent aux grands prêtres et aux
anciens. 4 Il leur dit : « J'ai péché en livrant à la mort
un innocent. » Ils répliquèrent : « Que nous importe ?
Cela te regarde ! » 5 Jetant alors les pièces d'argent
dans le Temple, il se retira et alla se pendre. 6 Les
grands prêtres ramassèrent l'argent et dirent : « Il
n'est pas permis de le verser dans le trésor, puisque
c'est le prix du sang. » 7 Après avoir tenu conseil,
ils achetèrent avec cette somme le champ du potier
pour y enterrer les étrangers.

Évangile selon saint Marc

Le message de Jean Baptiste
[p. 22-23 Jean Baptiste annonce un Sauveur]

1 1 COMMENCEMENT DE L'ÉVANGILE de Jésus, Christ,
Fils de Dieu.
2 Il est écrit dans Isaïe, le prophète : Voici que j'envoie
mon messager en avant de toi, pour ouvrir ton chemin.
3 Voix de celui qui crie dans le désert : Préparez le
chemin du Seigneur, rendez droits ses sentiers.
4 Alors Jean, celui qui baptisait, parut dans le désert. Il
proclamait un baptême de conversion pour le pardon des
péchés. 5 Toute la Judée, tous les habitants de Jérusalem
se rendaient auprès de lui, et ils étaient baptisés par lui
dans le Jourdain, en reconnaissant publiquement leurs
péchés. 6 Jean était vêtu de poil de chameau, avec une
ceinture de cuir autour des reins ; il se nourrissait de
sauterelles et de miel sauvage. 7 Il proclamait : « Voici
venir derrière moi celui qui est plus fort que moi ; je ne
suis pas digne de m'abaisser pour défaire la courroie de
ses sandales. 8 Moi, je vous ai baptisés avec de l'eau ; lui
vous baptisera dans l'Esprit Saint. »

L'homme riche
[p. 32-33 Que dois-je faire ?]

10 17 Jésus se mettait en route quand un homme
accourut et, tombant à ses genoux, lui demanda :
« Bon Maître, que dois-je faire pour avoir la vie
éternelle en héritage ? » 18 Jésus lui dit : « Pourquoi dire
que je suis bon ? Personne n'est bon, sinon Dieu seul.
19 Tu connais les commandements : Ne commets pas
de meurtre, ne commets pas d'adultère, ne commets
pas de vol, ne porte pas de faux témoignage, ne fais
de tort à personne, honore ton père et ta mère. »
20 L'homme répondit : « Maître, tout cela, je l'ai
observé depuis ma jeunesse. »
21 Jésus posa son regard sur lui, et il l'aima. Il lui dit :
« Une seule chose te manque : va, vends ce que tu as
et donne-le aux pauvres ; alors tu auras un trésor au
ciel. Puis viens, suis-moi. » 22 Mais lui, à ces mots,
devint sombre et s'en alla tout triste, car il avait de
grands biens.

Évangile selon saint Luc

La naissance de Jésus
[p. 24-25 Noël]

2 1 En ces jours-là, parut un édit de l'empereur
Auguste, ordonnant de recenser toute la terre – 2 ce
premier recensement eut lieu lorsque Quirinius était
gouverneur de Syrie. – 3 Et tous allaient se faire
recenser, chacun dans sa ville d'origine.
4 Joseph, lui aussi, monta de Galilée, depuis la ville
de Nazareth, vers la Judée, jusqu'à la ville de David
appelée Bethléem. Il était en effet de la maison et de
la lignée de David. 5 Il venait se faire recenser avec
Marie, qui lui avait été accordée en mariage et qui
était enceinte.
6 Or, pendant qu'ils étaient là, le temps où elle devait
enfanter fut accompli. 7 Et elle mit au monde son fils
premier-né ; elle l'emmaillota et le coucha dans une
mangeoire, car il n'y avait pas de place pour eux dans
la salle commune.

8 Dans la même région, il y avait des bergers qui vivaient dehors et passaient la nuit dans les champs pour garder leurs troupeaux. 9 L'ange du Seigneur se présenta devant eux, et la gloire du Seigneur les enveloppa de sa lumière. Ils furent saisis d'une grande crainte. 10 Alors l'ange leur dit : « Ne craignez pas, car voici que je vous annonce une bonne nouvelle, qui sera une grande joie pour tout le peuple : 11 Aujourd'hui, dans la ville de David, vous est né un Sauveur qui est le Christ, le Seigneur. 12 Et voici le signe qui vous est donné : vous trouverez un nouveau-né emmailloté et couché dans une mangeoire. »
13 Et soudain, il y eut avec l'ange une troupe céleste innombrable, qui louait Dieu en disant :
14 « Gloire à Dieu au plus haut des cieux,
et paix sur la terre aux hommes, qu'Il aime. »
15 Lorsque les anges eurent quitté les bergers pour le ciel, ceux-ci se disaient entre eux : « Allons jusqu'à Bethléem pour voir ce qui est arrivé, l'événement que le Seigneur nous a fait connaître. » 16 Ils se hâtèrent d'y aller, et ils découvrirent Marie et Joseph, avec le nouveau-né couché dans la mangeoire. 17 Après avoir vu, ils racontèrent ce qui leur avait été annoncé au sujet de cet enfant. 18 Et tous ceux qui entendirent s'étonnaient de ce que leur racontaient les bergers.
19 Marie, cependant, retenait tous ces événements et les méditait dans son cœur.
20 Les bergers repartirent ; ils glorifiaient et louaient Dieu pour tout ce qu'ils avaient entendu et vu, selon ce qui leur avait été annoncé.

Présentation de Jésus au Temple

[p. 26-27 Présentation de Jésus au Temple]

2 22 Quand fut accompli le temps prescrit par la loi de Moïse pour la purification, les parents de Jésus l'amenèrent à Jérusalem pour le présenter au Seigneur, 23 selon ce qui est écrit dans la Loi : Tout premier-né de sexe masculin sera consacré au Seigneur. 24 Ils venaient aussi offrir le sacrifice prescrit par la loi du Seigneur : un couple de tourterelles ou deux petites colombes.
25 Or, il y avait à Jérusalem un homme appelé Syméon. C'était un homme juste et religieux, qui attendait la Consolation d'Israël, et l'Esprit Saint était sur lui. 26 Il avait reçu de l'Esprit Saint l'annonce qu'il ne verrait pas la mort avant d'avoir vu le Christ, le Messie du Seigneur. 27 Sous l'action de l'Esprit, Syméon vint au Temple. Au moment où les parents présentaient l'enfant Jésus pour se conformer au rite de la Loi qui le concernait, 28 Syméon reçut l'enfant dans ses bras, et il bénit Dieu en disant : 29 « Maintenant, ô Maître souverain, tu peux laisser ton serviteur s'en aller en paix, selon ta parole. 30 Car mes yeux ont vu le salut 31 que tu préparais à la face des peuples : 32 lumière qui se révèle aux nations et donne gloire à ton peuple Israël. » 33 Le père et la mère de l'enfant s'étonnaient de ce qui était dit de lui. 34 Syméon les bénit [...]
36 Il y avait aussi une femme prophète, Anne... Elle était très avancée en âge ; après sept ans de mariage, 37 demeurée veuve, elle était arrivée à l'âge de quatre-vingt-quatre ans. Elle ne s'éloignait pas du Temple, servant Dieu jour et nuit dans le jeûne et la prière. 38 Survenant à cette heure même, elle proclamait les louanges de Dieu et parlait de l'enfant à tous ceux qui attendaient la délivrance de Jérusalem.

Le Bon Samaritain

[p. 30-31 Qui est mon prochain ?]

10 25 Et voici qu'un docteur de la Loi se leva et mit Jésus à l'épreuve en disant : « Maître, que dois-je faire pour avoir en héritage la vie éternelle ? » 26 Jésus lui demanda : « Dans la Loi, qu'y a-t-il d'écrit ? Et comment lis-tu ? » 27 L'autre répondit : « Tu aimeras le Seigneur ton Dieu de tout ton cœur, de toute ton âme, de toute ta force et de toute ton intelligence, et ton prochain comme toi-même. » 28 Jésus lui dit : « Tu as répondu correctement. Fais ainsi et tu vivras. »
29 Mais lui, voulant se justifier, dit à Jésus : « Et qui est mon prochain ? »

30 Jésus reprit la parole : « Un homme descendait de Jérusalem à Jéricho, et il tomba sur des bandits ; ceux-ci, après l'avoir dépouillé et roué de coups, s'en allèrent, le laissant à moitié mort. 31 Par hasard, un prêtre descendait par ce chemin ; il le vit et passa de l'autre côté. 32 De même un lévite arriva à cet endroit ; il le vit et passa de l'autre côté. 33 Mais un Samaritain, qui était en route, arriva près de lui ; il le vit et fut saisi de compassion. 34 Il s'approcha, et pansa ses blessures en y versant de l'huile et du vin ; puis il le chargea sur sa propre monture, le conduisit dans une auberge et prit soin de lui. 35 Le lendemain, il sortit deux pièces d'argent, et les donna à l'aubergiste, en lui disant : "Prends soin de lui ; tout ce que tu auras dépensé en plus, je te le rendrai quand je repasserai." 36 Lequel des trois, à ton avis, a été le prochain de l'homme tombé aux mains des bandits ? » 37 Le docteur de la Loi répondit : « Celui qui a fait preuve de pitié envers lui. » Jésus lui dit : « Va, et toi aussi, fais de même. »

La parabole du fils prodigue

[p. 42-43 Je me réconcilie avec Dieu]

15 11 Jésus dit encore : « Un homme avait deux fils. 12 Le plus jeune dit à son père : "Père, donne-moi la part de fortune qui me revient." Et le père leur partagea ses biens. 13 Peu de jours après, le plus jeune rassembla tout ce qu'il avait, et partit pour un pays lointain où il dilapida sa fortune en menant une vie de désordre.

14 Il avait tout dépensé, quand une grande famine
survint dans ce pays, et il commença à se trouver dans
le besoin. 15 Il alla s'engager auprès d'un habitant de ce
pays, qui l'envoya dans ses champs garder les porcs. 16 Il
aurait bien voulu se remplir le ventre avec les gousses
que mangeaient les porcs, mais personne ne lui donnait
rien. 17 Alors il rentra en lui-même et se dit : "Combien
d'ouvriers de mon père ont du pain en abondance, et
moi, ici, je meurs de faim ! 18 Je me lèverai, j'irai vers
mon père, et je lui dirai : Père, j'ai péché contre le ciel et
envers toi. 19 Je ne suis plus digne d'être appelé ton fils.
Traite-moi comme l'un de tes ouvriers."
20 Il se leva et s'en alla vers son père. Comme il était
encore loin, son père l'aperçut et fut saisi de compassion ;
il courut se jeter à son cou et le couvrit de baisers. 21 Le
fils lui dit : "Père, j'ai péché contre le ciel et envers toi.
Je ne suis plus digne d'être appelé ton fils." 22 Mais le
père dit à ses serviteurs : "Vite, apportez le plus beau
vêtement pour l'habiller, mettez-lui une bague au doigt
et des sandales aux pieds, 23 allez chercher le veau gras,
tuez-le, mangeons et festoyons, 24 car mon fils que voilà
était mort, et il est revenu à la vie ; il était perdu, et il est
retrouvé." Et ils commencèrent à festoyer.
25 Or le fils aîné était aux champs. Quand il revint
et fut près de la maison, il entendit la musique et les
danses. 26 Appelant un des serviteurs, il s'informa de
ce qui se passait. 27 Celui-ci répondit : "Ton frère
est arrivé, et ton père a tué le veau gras, parce qu'il
a retrouvé ton frère en bonne santé." 28 Alors le fils
aîné se mit en colère, et il refusait d'entrer. Son père
sortit le supplier. 29 Mais il répliqua à son père : "Il
y a tant d'années que je suis à ton service sans avoir
jamais transgressé tes ordres, et jamais tu ne m'as
donné un chevreau pour festoyer avec mes amis.
30 Mais, quand ton fils que voilà est revenu après
avoir dévoré ton bien avec des prostituées, tu as fait
tuer pour lui le veau gras !"
31 Le père répondit : "Toi, mon enfant, tu es toujours
avec moi, et tout ce qui est à moi est à toi. 32 Il fallait
festoyer et se réjouir ; car ton frère que voilà était mort,
et il est revenu à la vie ; il était perdu, et il est retrouvé !" »

Le chameau et l'aiguille

[p. 32-33 Que dois-je faire ?]

18 24 Voyant [l'homme riche] devenu si triste, Jésus
dit : « Comme il est difficile à ceux qui possèdent des
richesses de pénétrer dans le royaume de Dieu !
25 Car il est plus facile à un chameau de passer par un
trou d'aiguille qu'à un riche d'entrer dans le royaume
de Dieu. »
26 Ceux qui l'entendaient lui demandèrent : « Mais
alors, qui peut être sauvé ? »
27 Jésus répondit : « Ce qui est impossible pour les
hommes est possible pour Dieu. »

Zachée

[p. 32-33 Que dois-je faire ?]

19 1 Entré dans la ville de Jéricho, Jésus la traversait.
2 Or, il y avait un homme du nom de Zachée ; il était
le chef des collecteurs d'impôts, et c'était quelqu'un
de riche. 3 Il cherchait à voir qui était Jésus, mais il
ne le pouvait pas à cause de la foule, car il était de
petite taille. 4 Il courut donc en avant et grimpa sur
un sycomore pour voir Jésus qui allait passer par là.
5 Arrivé à cet endroit, Jésus leva les yeux et lui dit :
« Zachée, descends vite : aujourd'hui il faut que j'aille
demeurer dans ta maison. » 6 Vite, il descendit et reçut
Jésus avec joie. 7 Voyant cela, tous récriminaient : « Il
est allé loger chez un homme qui est un pécheur. »
8 Zachée, debout, s'adressa au Seigneur : « Voici,
Seigneur : je fais don aux pauvres de la moitié de
mes biens, et si j'ai fait du tort à quelqu'un, je vais lui
rendre quatre fois plus. » 9 Alors Jésus dit à son sujet :
« Aujourd'hui, le salut est arrivé pour cette maison,
car lui aussi est un fils d'Abraham. 10 En effet, le Fils
de l'homme est venu chercher et sauver ce qui était
perdu. »

Judas trahit…

[p. 48-49 Le vendredi saint]

22 47 Il parlait encore, quand parut une foule de
gens. Celui qui s'appelait Judas, l'un des Douze,
marchait à leur tête. Il s'approcha de Jésus pour lui
donner un baiser. 48 Jésus lui dit : « Judas, c'est par
un baiser que tu livres le Fils de l'homme ? » […]
52 Jésus dit alors à ceux qui étaient venus l'arrêter,
grands prêtres, chefs des gardes du Temple et
anciens : « Suis-je donc un bandit, pour que vous
soyez venus avec des épées et des bâtons ? 53 Chaque
jour, j'étais avec vous dans le Temple, et vous n'avez
pas porté la main sur moi. Mais c'est maintenant
votre heure et le pouvoir des ténèbres. »

… et Pierre renie !

[p. 48-49 Le vendredi saint]

22 54 S'étant saisis de Jésus, ils l'emmenèrent et le
firent entrer dans la résidence du grand prêtre. Pierre
suivait à distance. 55 On avait allumé un feu au milieu
de la cour, et tous étaient assis là. Pierre vint s'asseoir
au milieu d'eux. 56 Une jeune servante le vit assis près
du feu ; elle le dévisagea et dit : « Celui-là aussi était
avec lui. » 57 Mais il nia : « Non, je ne le connais pas. »
58 Peu après, un autre dit en le voyant : « Toi aussi, tu es
l'un d'entre eux. » Pierre répondit : « Non, je ne le suis
pas. » 59 Environ une heure plus tard, un autre insistait
avec force : « C'est tout à fait sûr ! Celui-là était avec
lui, et d'ailleurs il est Galiléen. » 60 Pierre répondit : « Je

ne sais pas ce que tu veux dire. » Et à l'instant même, comme il parlait encore, un coq chanta.

Les larmes de Pierre...

[p. 48-49 Le vendredi saint]

22 61 Le Seigneur, se retournant, posa son regard sur Pierre. Alors Pierre se souvint de la parole que le Seigneur lui avait dite : « Avant que le coq chante aujourd'hui, tu m'auras renié trois fois. » 62 Il sortit et, dehors, pleura amèrement.

Au calvaire : c'est la nuit totale

[p. 48-49 Le vendredi saint]

23 1 L'assemblée tout entière *(les anciens du peuple, chefs des prêtres et scribes)* se leva, et on emmena *Jésus* chez Pilate. 2 On se mit alors à l'accuser : « Nous avons trouvé cet homme en train de semer le trouble dans notre nation : il empêche de payer l'impôt à l'empereur, et il dit qu'il est le Christ, le Roi. » 3 Pilate l'interrogea : « Es-tu le roi des Juifs ? » Jésus répondit : « C'est toi-même qui le dis. » 4 Pilate s'adressa aux grands prêtres et aux foules : « Je ne trouve chez cet homme aucun motif de condamnation. » 5 Mais ils insistaient avec force : « Il soulève le peuple en enseignant dans toute la Judée ; après avoir commencé en Galilée, il est venu jusqu'ici. » [...]
13 Alors Pilate convoqua les grands prêtres, les chefs et le peuple. 14 Il leur dit : « Vous m'avez amené cet homme en l'accusant d'introduire la subversion dans le peuple. Or, j'ai moi-même instruit l'affaire devant vous et, parmi les faits dont vous l'accusez, je n'ai trouvé chez cet homme aucun motif de condamnation. 15 [...] En somme, cet homme n'a rien fait qui mérite la mort. 16 Je vais donc le relâcher après lui avoir fait donner une correction. » 18 Ils se mirent à crier tous ensemble : « Mort à cet homme ! Relâche-nous Barabbas. » 19 Ce Barabbas avait été jeté en prison pour une émeute survenue dans la ville, et pour meurtre. 20 Pilate, dans son désir de relâcher Jésus, leur adressa de nouveau la parole. 21 Mais ils vociféraient : « Crucifie-le ! Crucifie-le ! » 22 Pour la troisième fois, il leur dit : « Quel mal a donc fait cet homme ? Je n'ai trouvé en lui aucun motif de condamnation à mort. Je vais donc le relâcher après lui avoir fait donner une correction. » 23 Mais ils insistaient à grands cris, réclamant qu'il soit crucifié ; et leurs cris s'amplifiaient. 24 Alors Pilate décida de satisfaire leur requête. 25 Il relâcha celui qu'ils réclamaient, le prisonnier condamné pour émeute et pour meurtre, et il livra Jésus à leur bon plaisir.
[...] 32 Ils emmenaient aussi avec Jésus deux autres, des malfaiteurs, pour les exécuter. 33 Lorsqu'ils furent arrivés au lieu dit : Le Crâne (ou Calvaire), là ils crucifièrent Jésus, avec les deux malfaiteurs, l'un à droite et l'autre à gauche. 34 Jésus disait : « Père, pardonne-leur : ils ne savent pas ce qu'ils font. » Puis, ils partagèrent ses vêtements et les tirèrent au sort.
35 Le peuple restait là à observer. Les chefs tournaient Jésus en dérision et disaient : « Il en a sauvé d'autres : qu'il se sauve lui-même, s'il est le Messie de Dieu, l'Élu ! » 36 Les soldats aussi se moquaient de lui ; s'approchant, ils lui présentaient de la boisson vinaigrée, 37 en disant : « Si tu es le roi des Juifs, sauve-toi toi-même ! » 38 Il y avait aussi une inscription au-dessus de lui : « Celui-ci est le roi des Juifs. »
39 L'un des malfaiteurs suspendus en croix l'injuriait : « N'es-tu pas le Christ ? Sauve-toi toi-même, et nous aussi ! » 40 Mais l'autre lui fit de vifs reproches : « Tu ne crains donc pas Dieu ! Tu es pourtant un condamné, toi aussi ! 41 Et puis, pour nous, c'est juste : après ce que nous avons fait, nous avons ce que nous méritons. Mais lui, il n'a rien fait de mal. » 42 Et il disait : « Jésus, souviens-toi de moi quand tu viendras dans ton Royaume. » 43 Jésus lui déclara : « Amen, je te le dis : aujourd'hui, avec moi, tu seras dans le Paradis. »
44 C'était déjà environ la sixième heure (c'est-à-dire : midi) ; l'obscurité se fit sur toute la terre jusqu'à la neuvième heure, 45 car le soleil s'était caché. Le rideau du Sanctuaire se déchira par le milieu. 46 Alors, Jésus poussa un grand cri : « Père, entre tes mains je remets mon esprit. » Et après avoir dit cela, il expira.
47 À la vue de ce qui s'était passé, le centurion rendit gloire à Dieu : « Celui-ci était réellement un homme juste. »

Apparition du Ressuscité

[p. 52-53 Pierre croit en la Résurrection]

24 36 Comme ils en parlaient encore, [Jésus] lui-même fut présent au milieu d'eux, et leur dit : « La paix soit avec vous ! » 37 Saisis de frayeur et de crainte, ils croyaient voir un esprit. 38 Jésus leur dit : « Pourquoi êtes-vous bouleversés ? Et pourquoi ces pensées qui surgissent dans votre cœur ? 39 Voyez mes mains et mes pieds : c'est bien moi ! Touchez-moi, regardez : un esprit n'a pas de chair ni d'os comme vous constatez que j'en ai. » 40 Après cette parole, il leur montra ses mains et ses pieds. 41 Dans leur joie, ils n'osaient pas encore y croire, et restaient saisis d'étonnement. Jésus leur dit : « Avez-vous ici quelque chose à manger ? »
42 Ils lui présentèrent une part de poisson grillé 43 qu'il prit et mangea devant eux. 44 Puis il leur déclara : « Voici les paroles que je vous ai dites quand j'étais encore avec vous : Il faut que s'accomplisse tout ce qui a été écrit à mon sujet dans la loi de Moïse, les Prophètes et les Psaumes. » 45 Alors il ouvrit leur intelligence à la compréhension des Écritures.
46 Il leur dit : « Ainsi est-il écrit que le Christ souffrirait, qu'il ressusciterait d'entre les morts le troisième jour,

[47] et que la conversion serait proclamée en son nom, pour le pardon des péchés, à toutes les nations, en commençant par Jérusalem. [48] À vous d'en être les témoins.

[49] Et moi, je vais envoyer sur vous ce que mon Père a promis. Quant à vous, demeurez dans la ville jusqu'à ce que vous soyez revêtus d'une puissance venue d'en haut. »

Évangile selon saint Jean

Le lavement des pieds

[p. 46-47 Le jeudi saint]

13 [1] Avant la fête de la Pâque, sachant que l'heure était venue pour lui de passer de ce monde à son Père, Jésus, ayant aimé les siens qui étaient dans le monde, les aima jusqu'au bout. [2] Au cours du repas, alors que le diable a déjà mis dans le cœur de Judas, fils de Simon l'Iscariote, l'intention de le livrer, [3] Jésus, sachant que le Père a tout remis entre ses mains, qu'il est sorti de Dieu et qu'il s'en va vers Dieu, [4] se lève de table, dépose son vêtement, et prend un linge qu'il se noue à la ceinture ; [5] puis il verse de l'eau dans un bassin. Alors il se mit à laver les pieds des disciples et à les essuyer avec le linge qu'il avait à la ceinture.
[6] Il arrive donc à Simon-Pierre, qui lui dit : « C'est toi, Seigneur, qui me laves les pieds ? » [7] Jésus lui répondit : « Ce que je veux faire, tu ne le sais pas maintenant ; plus tard tu comprendras. » [8] Pierre lui dit : « Tu ne me laveras pas les pieds ; non, jamais ! » Jésus lui répondit : « Si je ne te lave pas, tu n'auras pas de part avec moi. »
[9] Simon-Pierre lui dit : « Alors, Seigneur, pas seulement les pieds, mais aussi les mains et la tête ! » [...]
[12] Quand il leur eut lavé les pieds, il reprit son vêtement, se remit à table et leur dit : « Comprenez-vous ce que je viens de faire pour vous ? [13] Vous m'appelez "Maître" et "Seigneur", et vous avez raison, car vraiment je le suis. [14] Si donc moi, le Seigneur et le Maître, je vous ai lavé les pieds, vous aussi, vous devez vous laver les pieds les uns aux autres. [15] C'est un exemple que je vous ai donné afin que vous fassiez, vous aussi, comme j'ai fait pour vous. [16] Amen, amen, je vous le dis : un serviteur n'est pas plus grand que son maître, ni un envoyé plus grand que celui qui l'envoie. [17] Sachant cela, heureux êtes-vous, si vous le faites.

La vigne et les sarments

[p. 34-35 Avec Jésus, tout devient possible]

15 [1] Moi, je suis la vraie vigne, et mon Père est le vigneron.
[2] Tout sarment qui est en moi, mais qui ne porte pas de fruit, mon Père l'enlève ; tout sarment qui porte du fruit, il le purifie en le taillant, pour qu'il en porte davantage. [3] Mais vous, déjà vous voici purifiés grâce à la parole que je vous ai dite. [4] Demeurez en moi, comme moi en vous. De même que le sarment ne peut pas porter de fruit par lui-même s'il ne demeure pas sur la vigne, de même vous non plus, si vous ne demeurez pas en moi.
[5] Moi, je suis la vigne, et vous, les sarments. Celui qui demeure en moi et en qui je demeure, celui-là porte beaucoup de fruit, car, en dehors de moi, vous ne pouvez rien faire. [6] Si quelqu'un ne demeure pas en moi, il est, comme le sarment, jeté dehors, et il se dessèche. Les sarments secs, on les ramasse, on les jette au feu, et ils brûlent. [7] Si vous demeurez en moi, et que mes paroles demeurent en vous, demandez tout ce que vous voulez, et cela se réalisera pour vous.
[8] Ce qui fait la gloire de mon Père, c'est que vous portiez beaucoup de fruit et que vous soyez pour moi des disciples.
[9] Comme le Père m'a aimé, moi aussi je vous ai aimés. Demeurez dans mon amour.

Le matin de Pâques

[p. 52-53 Pierre croit en la Résurrection]

20 [1] Le premier jour de la semaine, Marie Madeleine se rend au tombeau de grand matin ; c'était encore les ténèbres. Elle s'aperçoit que la pierre a été enlevée du tombeau. [2] Elle court donc trouver Simon-Pierre et l'autre disciple, celui que Jésus aimait, et elle leur dit : « On a enlevé le Seigneur de son tombeau, et nous ne savons pas où on l'a déposé. »
[3] Pierre partit donc avec l'autre disciple pour se rendre au tombeau.
[4] Ils couraient tous les deux ensemble, mais l'autre disciple courut plus vite que Pierre et arriva le premier au tombeau. [5] En se penchant, il s'aperçoit que les linges sont posés à plat ; cependant il n'entre pas. [6] Simon-Pierre, qui le suivait, arrive à son tour. Il entre dans le tombeau ; il aperçoit les linges, posés à plat, [7] ainsi que le suaire qui avait entouré la tête de Jésus, non pas posé avec les linges, mais roulé à part à sa place. [8] C'est alors qu'entra l'autre disciple, lui qui était arrivé le premier au tombeau. Il vit, et il crut.
[9] Jusque-là, en effet, les disciples n'avaient pas compris que, selon l'Écriture, il fallait que Jésus ressuscite d'entre les morts. [10] Ensuite, les disciples retournèrent chez eux.

Actes des Apôtres

La Pentecôte

[p. 54-55 La fête de Pentecôte]

2 1 Quand arriva le jour de la Pentecôte, au terme
des cinquante jours, ils se trouvaient réunis tous
ensemble. 2 Soudain un bruit survint du ciel comme
un violent coup de vent : la maison où ils étaient assis
en fut remplie tout entière. 3 Alors leur apparurent des
langues qu'on aurait dites de feu, qui se partageaient,
et il s'en posa une sur chacun d'eux. 4 Tous furent
remplis d'Esprit Saint : ils se mirent à parler en d'autres
langues, et chacun s'exprimait selon le don de l'Esprit.
5 Or, il y avait, résidant à Jérusalem, des Juifs
religieux, venant de toutes les nations sous le ciel.
6 Lorsque ceux-ci entendirent la voix qui retentissait,
ils se rassemblèrent en foule. Ils étaient en pleine
confusion parce que chacun d'eux entendait dans
son propre dialecte ceux qui parlaient. 7 Dans la
stupéfaction et l'émerveillement, ils disaient : « Ces
gens qui parlent ne sont-ils pas tous Galiléens ?
8 Comment se fait-il que chacun de nous les entende
dans son propre dialecte, sa langue maternelle ?
9 Parthes, Mèdes et Élamites, habitants de la
Mésopotamie, de la Judée et de la Cappadoce, de la
province du Pont et de celle d'Asie, 10 de la Phrygie
et de la Pamphylie, de l'Égypte et des contrées de
Libye proches de Cyrène, Romains de passage,
11 Juifs de naissance et convertis, Crétois et Arabes,
tous nous les entendons parler dans nos langues des
merveilles de Dieu. »
12 Ils étaient tous dans la stupéfaction et la perplexité,
se disant l'un à l'autre : « Qu'est-ce que cela signifie ? »
13 D'autres se moquaient et disaient : « Ils sont pleins
de vin doux ! »

Le premier discours de Pierre

[p. 54-55 La fête de Pentecôte]

2 22 Hommes d'Israël, écoutez les paroles que voici.
Il s'agit de Jésus le Nazaréen, homme que Dieu a
accrédité auprès de vous en accomplissant par lui des
miracles, des prodiges et des signes au milieu de vous,
comme vous le savez vous-mêmes. 23 Cet homme,
livré selon le dessein bien arrêté et la prescience de
Dieu, vous l'avez supprimé en le clouant sur le bois
par la main des impies. 24 Mais Dieu l'a ressuscité en
le délivrant des douleurs de la mort, car il n'était pas
possible qu'elle le retienne en son pouvoir. […]
32 Ce Jésus, Dieu l'a ressuscité ; nous tous, nous en
sommes témoins. 33 Élevé par la droite de Dieu, il a reçu
du Père l'Esprit Saint qui était promis, et il l'a répandu
sur nous, ainsi que vous le voyez et l'entendez. […]
36 Que toute la maison d'Israël le sache donc avec
certitude : Dieu l'a fait Seigneur et Christ, ce Jésus que
vous aviez crucifié. » 37 Les auditeurs furent touchés
au cœur ; ils dirent à Pierre et aux autres Apôtres :
« Frères, que devons-nous faire ? » 38 Pierre leur
répondit : « Convertissez-vous, et que chacun de vous
soit baptisé au nom de Jésus Christ pour le pardon de
ses péchés ; vous recevrez alors le don du Saint-Esprit.

La communauté des disciples

[p. 56-57 La communauté des disciples]

2 42 Ils étaient assidus à l'enseignement des Apôtres
et à la communion fraternelle, à la fraction du pain
et aux prières. 43 La crainte de Dieu était dans tous
les cœurs à la vue des nombreux prodiges et signes
accomplis par les Apôtres.
44 Tous les croyants vivaient ensemble, et ils avaient
tout en commun ; 45 ils vendaient leurs biens et leurs
possessions, et ils en partageaient le produit entre
tous en fonction des besoins de chacun. 46 Chaque
jour, d'un même cœur, ils fréquentaient assidûment
le Temple, ils rompaient le pain dans les maisons,
ils prenaient leurs repas avec allégresse et simplicité
de cœur ; 47 ils louaient Dieu et avaient la faveur du
peuple tout entier. Chaque jour, le Seigneur leur
adjoignait ceux qui allaient être sauvés.

Lettre aux Éphésiens

Le combat spirituel

[p. 36-37 Les tentations de Jésus au désert]

6 10 Enfin, puisez votre énergie dans le Seigneur et
dans la vigueur de sa force. 11 Revêtez l'équipement
de combat donné par Dieu, afin de pouvoir tenir
contre les manœuvres du diable.
12 Car nous ne luttons pas contre des êtres de sang et
de chair, mais contre les Dominateurs de ce monde de
ténèbres, les Principautés, les Souverainetés, les esprits
du mal qui sont dans les régions célestes. 13 Pour cela,
prenez l'équipement de combat donné par Dieu ; ainsi,
vous pourrez résister quand viendra le jour du malheur,
et tout mettre en œuvre pour tenir bon.
14 Oui, tenez bon, ayant autour des reins le ceinturon
de la vérité, portant la cuirasse de la justice, 15 les
pieds chaussés de l'ardeur à annoncer l'Évangile
de la paix, 16 et ne quittant jamais le bouclier de la
foi, qui vous permettra d'éteindre toutes les flèches
enflammées du Mauvais. 17 Prenez le casque du salut
et le glaive de l'Esprit, c'est-à-dire la parole de Dieu.
18 En toute circonstance, que l'Esprit vous donne de
prier et de supplier : restez éveillés, soyez assidus à la
supplication pour tous les fidèles.

CRÉDITS PHOTOS

- Page 4 - Psautier du Landgrave, XIIIe siècle, bibliothèque de l'état du Wurtemberg, Stuttgart © Bibliothèque de l'état du Wurtemberg, Stuttgart, Allemagne
- Page 7 - Fac-similé de la Bible de Souvigny, Musée de Souvigny © Paul Saccard, service culture et communication de la ville de Souvigny
- Page 22 - Saint Jean Baptiste prêchant © Quint Lox/Photoshot/Aurimages
- Page 26 - Borgoña, Juan de (v.1470–1536), *Présentation au Temple*, 1535, sur bois. © akg-images / Joseph Martin
- Page 28 - *Le baptême du Christ*, manuscrit arménien, 1362, Évangile du peintre Yovhannès de Berkri (Vaspurakan) © Armenian Museum Isfahan / Coll Dagli Orti / Aurimages
- Page 40 - *Jésus au mont des Oliviers*, Bible historiée toute figurée © BnF
- Page 44 - Murillo, Bartolomé Esteban, *Le retour de l'Enfant prodigue*, baroque espagnol, XVIIe siècle, galerie nationale, Washington DC © akg-images
- Page 57 - *Esprit Saint*, Détail du plafond de la Chapelle de Sainte Teresa d'Avila, Germantown New York © Morguefile
- Page 61 - Dieu Un et Trinité, miniature du Missel de Cambrai, v.1120, Médiathèque d'Agglomération de Cambrai © cliché MAC

Éléments pour la crèche pages 24-25

Pour la page 16

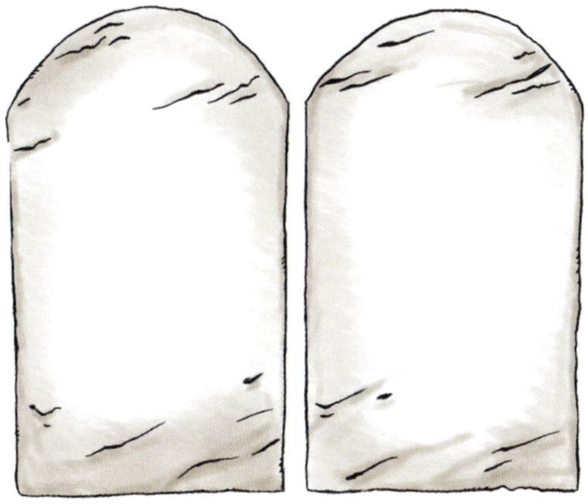

OUI, NOUS CROYONS !

ALLÉLUIA !

Vignettes pour la page 50

Pions pour le jeu de l'Oie

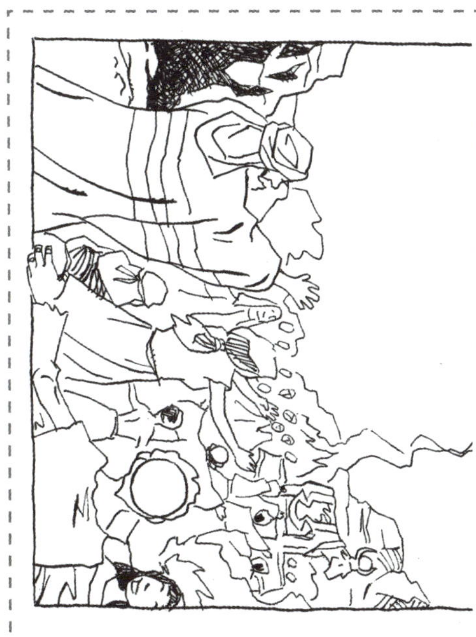

Vignettes pour la page 36

Table des matières

L'histoire du salut, l'histoire de Dieu avec les hommes

*Dieu accompagne les hommes dans leur histoire. Il s'engage et conseille **Abraham, Moïse, David** et leurs descendants et inspire les prophètes. À travers le temps, il réalise un programme : sauver l'humanité et réaliser avec elle son projet de vie. C'est l'« histoire du salut », ou l'histoire sainte.*

› Lis p. **52**

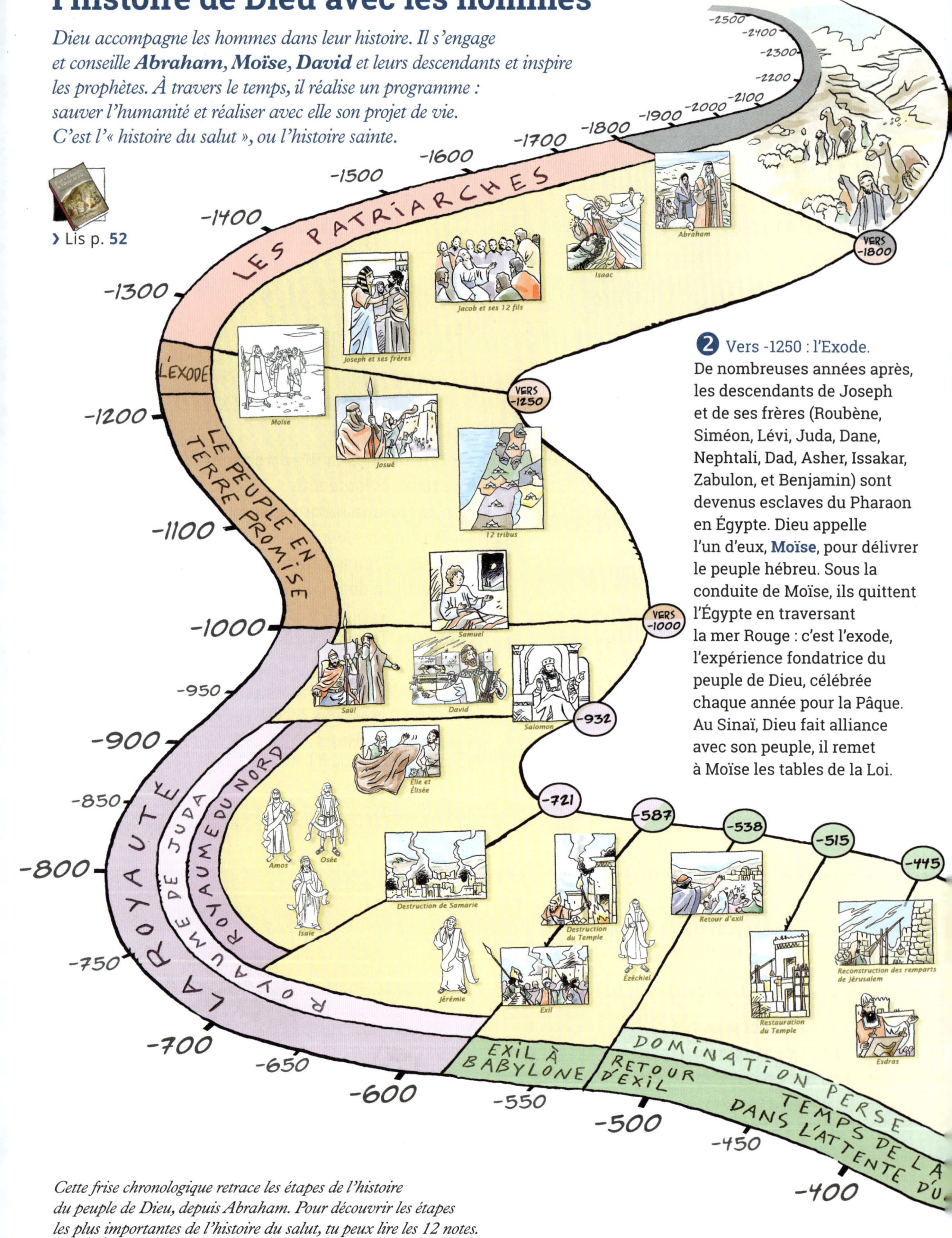

❷ Vers -1250 : l'Exode.
De nombreuses années après, les descendants de Joseph et de ses frères (Roubène, Siméon, Lévi, Juda, Dane, Nephtali, Dad, Asher, Issakar, Zabulon, et Benjamin) sont devenus esclaves du Pharaon en Égypte. Dieu appelle l'un d'eux, **Moïse**, pour délivrer le peuple hébreu. Sous la conduite de Moïse, ils quittent l'Égypte en traversant la mer Rouge : c'est l'exode, l'expérience fondatrice du peuple de Dieu, célébrée chaque année pour la Pâque. Au Sinaï, Dieu fait alliance avec son peuple, il remet à Moïse les tables de la Loi.

Cette frise chronologique retrace les étapes de l'histoire du peuple de Dieu, depuis Abraham. Pour découvrir les étapes les plus importantes de l'histoire du salut, tu peux lire les 12 notes.

Voir  *Il est le Chemin, p. 58-59.*